斎藤一人 奇跡の人

Hitori Saito

望んだ未来が手に入る！

斎藤一人 著

徳間書店

まえがき

はい、こんにちは。一人さんです。

私は自分のことを「奇跡の人」だと思っています。

何が奇跡かといえば、努力や苦労なんかしなくても、楽しく生きてるだけで人生がうまくいっちゃうところなの。

だけどそれは特別な人にしか与えられないものではなく、神的に生きれば、誰でも奇跡の人になれるんだ。

自分には無縁だと思っていたような、ゆとりのある豊かさや、いい仲間に囲まれた幸せな人生が、あなたにも現実のものとなる。

神的な生き方とは、神様が望む通りに生きることです。

もうちょっと簡単に言うと、「未来は明るい」と信じ、自分にも人にも愛のある、やさしい生き方をすることです。
でね、そのときに合い言葉みたいなのがあって。

世の中は、だんだんよくなる。
自分も、だんだんよくなる。
ほかの人もみんな、だんだんよくなる。
「だんだんよくなる未来は明るい」

この言葉がいつも心にあれば、無駄に怒ることはないし、必要以上に悲しむこともない。不安や怖れから解放され、安心して、楽しく自分の道を進めるんだ。

つまり、神的な生き方になって、あなたも奇跡の人になる。

この本を読み終わる頃には、新しい扉が開き、そこから奇跡の人生が始まるよ。

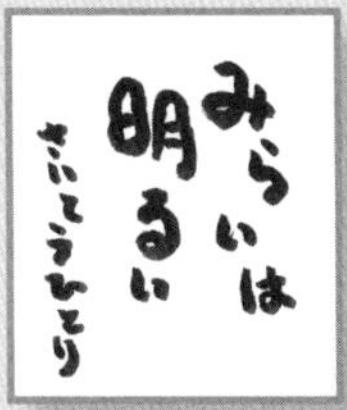

「みらいは明るい」カードについて

この本の最後にある書は、私が書き下ろしたものです。

「みらいは明るい」——これが、本書を貫くテーマでもあります。

このカードを目につく場所に飾ったり、持ち歩いたりしてください。

この本の内容が、よりあなたの体のなか、心のなかにスッと入っていくと思います。

それこそが、思いもよらないような幸運を引き寄せ、あなたが「奇跡の人」に近づけるということなんだ。

よかったら気軽な気持ちで試してください。

こちらからは以上です。

斎藤一人　奇跡の人　もくじ

第1章

「奇跡の人」になるただひとつの方法

第2章

我慢や苦労を手放すことから成功は始まるよ

第3章

幸せになりたいなら「そのままの自分」をゆるすんだ

第4章

明るい思いこそがツキを呼ぶからね

第5章

富の流れを引き寄せるのは簡単です

【注】私は自分を大切にしているので、いつも自分のことを「一人さん」と呼びます。

また、本書では「神様」という言葉が繰り返し出てきますが、これは、この宇宙を作った大いなるエネルギーを指すものであり、いかなる宗教とも関係ありません。

斎藤一人

奇跡の人

斎藤一人 著

構成　古田尚子
装丁　藤田大督
校正　東　貞夫
編集　高畑　圭

奇跡の人

第1章

「奇跡の人」になるただひとつの方法

「だんだんよくなる」を知るために歴史を学ぶんだ

あなたは、歴史を学ぶほんとうの理由を考えたことがあるかい？

歴史の勉強といえば暗記、みたいなイメージがあって、もしかしたら、学校で授業があるから勉強しているだけ、テストのために史実や年表を覚えただけ、みたいな感覚の人もいると思います。

いずれにしても、歴史を知ることが人生と密接な関係にあるとは、普通の人はあまり思わないいんじゃないかな。

でもね、実は歴史を学ぶのって、あなたの人生に直結するんです。すごく重要な意味がある。

どういうことですかって言うと、**歴史を知れば、世の中がよくなっていることが一目瞭然《りょうぜん》だからなの。**

たとえば戦国時代について調べると、日本各地で常に戦《いくさ》が起きていたでしょ？戦に反対することもできず、自分や大切な人が命を奪われる、地獄のような苦しみがあったの。

それから江戸時代やなんかでも、殿様が通るたびに民衆は道の隅に土下座して待ってなきゃならなかったとかさ。殿様の前を子どもが横切っただけで、その子どもは捕らえられて命を奪われるような残虐《ざんぎゃく》なこともあったんです。

それに対して、現代を見てごらん。今の日本では、覇権争いによる殺し合いなんて起きてないよね。総理大臣の前を子どもが横切ったってなんのおとがめもないし、むしろ微笑《ほほえ》ましく見てくれるんじゃないかな。

世界的に見ても、昔は一部の地域で紛争が起きると、よその国までそれに加勢して世界大戦にまで発展した。ところが今は、どこかの国で戦争が起きても、多くの国は戦争を止めることに必死だし、平和を維持しようと力を尽くします。

差別や非人道的な扱いをゆるさないムードも高まり、人権を尊重しようという流れも大きくなったよね。

それだって、かつては考えられなかったことだよ。

古い時代には冷暖房完備の快適な家なんてなかったし、医療水準も低く、今だったらちょっと薬を飲めばすぐ治るような病気でも、大勢の人が命を落としました。飢饉《ききん》で食べるものが不足し、大勢が飢え死にすることもあった。でも今は、食料が余り過ぎて廃棄処分の問題があるほど豊かなんだよね。


この世界は、1000年前より500年前のほうが豊かになっているし、500年前より100年前、100年前より今のほうが生きやすい。

太古の時代では、だいたいの人は20〜30代で死んじゃってたの。今の時代では考えられないほど、若くして亡くなっているでしょ?

それが少しずつ安心して暮らせる世の中になってきて、人生100年時代とか言われるくらい、人の寿命も延びました。

過去と現在を比べてみると、少しずつだけど、でも確実に、よりよい世界が作られている。世の中はほんとうによくなっているなぁと実感できます。

これこそが、人が歴史を学ぶほんとうの理由なんです。

歴史を知ることで、この世には、

「だんだんよくなる未来は明るい」

という不動のルールがあることに気づけるの。

今までもずっと進化し続けてきたし、これからも永遠によくなり続ける。

そしてその流れは、絶対に変わらない。

だから、この法則を軸に生きることが、宇宙の流れに逆らわないで生きる道であり、それはつまり、この世で確かな幸せを手に入れるための唯一の方法なんだ。

表面だけを見て自分を不幸だなんて決めつけない

世の中は、だんだんよくなる。

自分も人も、みんなだんだんよくなる。

それは宇宙のすべてを作った神が決めたことで、だんだんよくなる流れのなかで、人は学びながら幸せになるために生まれてきた。という考えを柱に、一人さんは今まで生きてきました。

何があっても未来は明るいし、絶対によくなる。

そう信じることで、不安に襲われることもなく、毎日笑って生きてこられたの。

そんな私は納税日本一になったし、最高の仲間たちに囲まれて、心底「俺の人生は最高だなぁ」って思える幸せを手に入れました。奇跡みたいな出来事に埋め尽くされた人生だから、もはや自分では、奇跡を奇跡とも思えないくらいなんです。

そしてそれと同じことが、世の中はだんだんよくなると信じた多くの仲間たちにも起きている。

世の中はだんだんよくなるという前提で生きると、どんな人でもびっくりするほ

ど人生が輝き出すんです。つまり、奇跡の人になるってことだね。

神様は、世の中がだんだんよくなるような仕組みにしてくれています。だから表面的には悪いことのように見えても、それを単なる不幸だと決めつけてはいけないの。たとえ悲惨な出来事が起きたとしても、それはここからまた世界がよくなるための呼び水みたいなもので、未来は絶対に明るい。

苦しいこと、つらい現実があろうと、必ずそれをきっかけに、よりよい世界が作られます。いつまでもズルズル悪くなり続けることはありません。

これが宇宙の真実であり、そう信じて疑わなくなると、人は間違いなく幸せになります。100%、豊かな人生になる。

なぜなら、世の中がだんだんよくなることは、万物を生んだ神の道理だから。

神の道理に従えば、神がかった奇跡が当たり前に起こります。

普通ではありえない、驚くような幸運が次から次に起こるようになる。

要は、神的な人生になるんです。

一人さんのことをよく知ってる人はもうわかっていると思うけど、私ってほんとうに苦労知らずなの。

仕事だって遊びながら成功したし、努力のない世界で豊かになり続けている。

私は「銀座まるかん」というサプリメントや化粧品を扱う会社を経営しているんだけど、創業50年以上になる今まで、ただの一度も赤字を出したことがないんです。ずっと、ゆとりある黒字経営です。

それを笑いながら楽しくやってると聞けば、神的な生き方が、いかに真をついているかわかってもらえるんじゃないかな。

「そのままの自分」を認めることから始めな

神的な生き方をすれば、誰にでも奇跡は起こります。奇跡の人になる。

それに対し、「世の中、アテになるものはない」「人生は自分の力で切り拓《ひら》くしかない」みたいな考えで明るい未来を信じられない人には、なかなか奇跡が訪れないんだよね。

それはなぜかと言うと、神の意志とは違う生き方だからです。

努力や辛抱《しんぼう》の先に幸せがあるという前提で、歯を食いしばって苦難を乗り越えようとしたり、我慢したりするのは、宇宙の流れに逆らってるの。

こういうのは、神的ではなく、人的なんだよね。わかるかい？

神的とは、「そのままの自分でだんだんよくなる」です。

自分を変えようとしなくていい。そのままの自分で、苦労や我慢なしに、最高に幸せになれるのが神的なの。

なかには人的な生き方で豊かになる人もいます。けど、一人さんが世の中を見渡した限りでは、驚異的な成功に加え、最高の幸福まで手にしている人は、まず神的な生き方をしている。

神的と人的とでは、結果も幸福度も段違いなんだよね。

神的な生き方をしてこそ、人生は奇跡で埋め尽くされるんだ。


たとえば一人さんの場合、仕事で研究なんてしたことがないの。

楽しく笑って生きていたら、いつも神的なひらめきが降りてきて、そのひらめき通りに商品を作るだけ。このやり方で、いつもヒットか大ヒットになるんです。売れなかったものがない。

普通の企業は、商品開発にすごい労力や費用をかけるものでしょ？　売れる商品を作るために努力するよね。

ところがうちは、開発費はほとんどゼロなの。思いついたアイデアをパッと商品化するだけだから、時間もかからないし苦労もありません。

これが、神的と人的の違いなんだよね。


努力でも、いいものを作ることはできます。

ただ、こういう人的ながんばりだと、100%うまくいくってことはない。5回に1回とか、10回に1回とかの成功になっちゃうの。

ところが神的に生きていると、そもそも売れるものを神様が持ってきてくれるんです。出てくる知恵が、初めから違う。だから努力はいりません。

この世界は、だんだんよくなる。

絶対、大丈夫だから、ありのままの自分でいることをゆるしな。

そうやって明るい未来を信じられる人には、神の知恵がバンバン降りてくるんだ。

暗い考えって、百害あって一利なしなの

奇跡の人になりたいと思ったとき、一番大事なのは、先を悪く考えないことです。

ほんとうはよくなっているのに、悪いことばかり考えるから苦しいの。

世の中はだんだんよくなる未来は明るいという思いを持っていれば、誰でも絶対に奇跡の人になれるんだよね。

暗い考えって、百害あって一利なしなの。

未来に対する不安や怖れを抱え続けるのは、思った以上に悪影響があるんだ。


この世界には、人（生物）にもモノにも、そしてあらゆる現象にも、「波動（周波数）」というのがあってね。

同じような波動は引き合うし、違う波動は避け合うという特徴を持っている。

よく「似た者同士がくっつく」「類は友を呼ぶ」と言われるけど、これは波動の法則から言えば当然の現象なんだよね。

ウマが合う相手や、なぜか落ち着く場所って、その相手や場所が自分の波動に近いからなの。で、苦手な相手とか、居心地の悪い場所というのは、相手やその場所が自分の波動とまったく違うの。


波動は目に見えないし、肌で感じられるものでもないから、ピンとこない人もいると思います。

でもこの世界には、確かに波動がある。

いいことや悪いことに関係なく、すべてに通じる、莫大《ばくだい》なエネルギーを持った波動が、私たちの人生にも大きく影響しているんです。


未来は明るいと思っている人からは、明るい波動が出る。だから必ず、同じように明るい波動の人が集まってくるし、いっそう楽しくなる出来事が起きます。

いっぽう、「だんだんよくなる」が信じられず、お先真っ暗だと思っている人は、暗い波動になる。そうすると、やっぱり暗い人ばかり集まっちゃうんだよね。ますます憂鬱《ゆううつ》になることばかり起きてしまう。


宇宙の母である神様ってね、とんでもなく深い愛のある、明るい波動なんです。

つまり、神様の波動に近づけば、神的に生きられるということになるし、それが本来の、私たちの波動なの。

だって私たちは、誰もが神様から命（分け御霊《みたま》）をもらって生まれてきたんだから。

命とは、神様そのものです。どんな人のなかにも神がいるし、みんな神の魂を持っている。誰もが、愛と光の存在なの。

神の子である私たちは、本来の姿のまま生きさえすれば、自然に宇宙の流れと同じになるし、それが一番の幸せの道なんだよね。

神様の作った「だんだんよくなる」の流れに身を任せ、安心して明るい波動を出していれば、道を踏み外すことはありません。

仕事も人間関係も、経済的なことも、何もかもうまくいく。

だから暗い考えが出てきても、「だんだんよくなる」と思って、明るい未来を信じるんだよ。そのままの自分で、必ずうまくいくと思ってな。

そうやって明るい波動を出していれば、どんな嫌なことがあっても不思議と解決するし、そのうちに、嫌なこともほとんど出てこなくなる。

絶対に大丈夫だからね。

「未来は明るい」は空海の教えでもあるよ

これはちょっと不思議な話だから、信じたい人だけが信じてくれたらいいよ。

平安時代に、空海《くうかい》という真言密教《しんごんみっきょう》のお坊さんがいたんです。その空海が、あるとき一人さんの夢のなかに出てきて言ったの。

「この世は、だんだんよくなる。それが真言《しんごん》（いつわりのない真理を表す言葉）です」

空海の教えを難しく解釈する人もいるけど、とどのつまり、空海は、「この世の中はだんだんよくなる未来は明るい」ということを伝えたかったんだよね。

それこそが、この世を幸せに生きる極意だから。

だんだんよくなる――それがこの世界の確たる流れであり、はるか昔から変わらずあり続ける真実です。だからこそ、その通りに生きることで人は救われるの。

宇宙を動かし、世界を変えるのは、この、真の言葉なんだよね。

それを、もし「だんだんよくなるなんてありえない」と言う人がいるんだとしたら、その人は空海よりスゴいってことになる（笑）。でも悪いけど、この件については、間違いなく空海が正しいだろうね。


でね、こういう一人さんの話で、少しでも「よし、私も今日から神的に生きるぞ！」って思ってもらえたらうれしいんだけど、そのときに、人は急には変われないということも知っておいて欲しいんです。

これは否定的な意味で言うわけじゃなくて、初めから気合いを入れすぎると、「神的になることをがんばる」という、人的なとらえ方になりかねないからなの。

本来、神的に生きることは楽しくてしょうがないはずなのに、がんばりすぎて息切れしちゃうのはもったいないでしょ？

だからあんまり気張らず、ゆる～く**「神的に生きられる日もあれば、そうじゃない日もあっていいんだ」**っていう前提で挑戦してもらいたいんです。

人間は、完璧ではありません。誰だって未熟なの。失敗するし、うまくいかないこともたくさんある。

それでも「神的になろう」という明るい思いを持ち続けられるかどうかで、人生は変わるんだよね。

だんだんよくなると信じていれば、勝手に神的な生き方になるし、気がついたらすごい幸せになってるの。

落ち込んでもいいし、苦しいときがあってもいい。大事なのは、それでもだんだんよくなるという思いを忘れないことなんだ。

思いを変えたいなら、あなたの言葉を変えてごらん

世の中はだんだんよくなる。心底そう思えたら、人生がうまくいかないはずがありません。

だけど、今までずっと不安を感じてきた人にとっては、思いを変えること自体、簡単じゃないかもしれないね。

そういう場合は、まずふだん口にする言葉を変えるといいんです。

言葉には、「言霊《ことだま》」という力があるの。

言葉に宿るパワーが、その言葉の意味と同じ現象を起こしてくれるんだよね。

ようは、言葉が持つ波動の力を借りるわけです。

初めに、言葉ありきなんです。まずは思いまで伴わなくてもいいから、

「だんだんよくなる未来は明るい」

という言葉が口癖《くちぐせ》になるまで、何回でも唱えてごらん。声に出して、心でつぶやいて、言霊の力をどんどん膨らませていくの。

嫌なこと、困ったことがあったときも、落ち込みながらでいい。「だんだんよくなる。絶対うまくいく」「未来は明るいから大丈夫」って言ってみな。

初めはなかなか明るい気持ちになれないかもしれないけど、言霊が持つ「だんだんよくなる未来は明るい」の波動が心に沁《し》みてきて、今まで立ち直るまでに10日かかってた人でも、次は1週間、3日……って少しずつ短縮されていくの。明るい言葉を繰り返し唱えていると、不思議とほんとうにそう思えるようになるんだよ。だんだんよくなる未来は明るいという思いが、当たり前の感覚になってくる。

そのうちに、何かあっても、スイッチを切り替えるようにパッと明るい心を取り戻せるようになるよ。

言葉は呪文みたいなもので、唱えているうちに、思いが後からついてくるんです。

言霊って、ほんとうに強い力なんだ。

最近、私たちの間で「だんだんよくなる未来は明るい」を1日1000回言って、それを21日間繰り返すというゲームがはやっています。

おもしろそうだなと思った人がいたら、ぜひこのゲームにチャレンジしてください。

人生がね、急にガラッと変わっていくのを体験できますよ。

未来は明るいと信じた瞬間から幸せになれるよ

一人さんの人生で最大の奇跡だと思うのは、納税日本一になったことです。しかも、それを成し遂げたときの仲間（会社の従業員）はたった5人だった。

それから、私は1年に1回も会社に行かない年もあるほど旅行ばかりしているのに、会社がちゃんと成り立っていることも奇跡だよね。

研究室にこもって商品開発するわけでもなく、旅先でのひらめきでどんどん新製品が生まれるし、そのいずれもヒットかホームランの売り上げを出してきました。

これらはまるで、何かが介入しているような……。それこそ私に言わせれば、神の手でもたらされたとしか思えない奇跡なんだ。

でもね、世の中はだんだんよくなる未来は明るいと本気で思っている人には、こういう信じられないような奇跡が、息をするかのごとく当たり前に起きるんだよね。

何が起きても未来は明るいということを信じると、人はその瞬間から幸せになります。いつでも上気元《じょうきげん》（一人さんは「上機嫌」を「上気元」と書きます）でいられるし、生きているだけで最高に楽しい。

だから私の人生には苦労なんてないし、仕事だって遊ぶように楽しんできた。

仕事に限らず、昔から私は、医者から「死んでしまう」と言われるような大病を幾度も経験したけれど、その度に生還してきました。

それもこれも、私が明るい波動を出してきたからだと思っています。

自分の未来が暗い訳がない、絶対明るい。病気だろうがなんだろうが、いつもそう思っていたから奇跡が起きたんだよね。

そんな私の生き方を真似したお弟子さんたちだって、全員が長者番付の上位にランクインを果たしたわけだから、この法則は絶対に間違いないんです。

思うようにいかないことがあると、暗闇に放り出されたみたいな気持ちになるよね。苦しくて、光を探すことが難しいときもあるだろう。

でもね、あなたの未来は明るいよ。絶対、なんとかなるんです。

あなたはだんだんよくなると決まっているんだから、苦しいときはそのことを思い出してごらん。

この章の最初にお伝えしたように、歴史を振り返ってみな。世の中が進化し続けていることがわかるから。

今は行き詰まっているように思えても、未来は明るいよ。

目の前に出てきた壁は、だんだんよくなるためのきっかけで、それがあるおかげで、あなたはますますよくなる。わかるかい？

それこそ一人さんなんて、命を落とすようなことがあったとしても、未来は明るいと思うだろうね。だって私の来世は、もっとよくなると決まっているから。

死んじゃったらおしまいだと言う人もいるけど、私はそうは思わないんです。

肉体には、いつか寿命がきて死を迎えます。だけど、この肉体のなかにある魂まで消えることはなくて、天国でまた新しい肉体を授かってこの世に生まれると信じているんだよね。

だから、死が訪れたとしても私の未来は明るいし、そのときは、来世の自分がどんなふうに進化するのかワクワクしながら天国に帰るんじゃないかな。なんて想像しています。

明るい思いを持てば「奇跡の人」になれるんだ

幸せを望む人がまずしなきゃいけないのは、波動を変えることです。

そして波動を変えるには、「だんだんよくなる」という思いを持つこと。未来は明るいと信じることが基本なんです。

幸せはいつも、明るく、楽しく生きることから始まるんだよね。

これは、どんな人にも当てはまります。

現実は自分の思い（波動）で作られるというルールから外れる人はいないし、例外なく、誰にでも同じ真理が働く。

あらゆる現象に、同じ摂理が働きます。


でね、全員に通じる真理なんだったら、なぜもっと簡単にできないんだろうって、みんな不思議に思うかもしれません。

未来を明るく考えるだけで、何か難しい勉強をしなきゃいけないわけじゃない。心身に大きな負担がかかることでもない簡単なことなのに、多くの人は、なかなか明るい考えになれず頭を悩ませるんだよね。

それはなぜかと言うと、**「だんだんよくなる」を信じるって、この世界での一番の修行だからです。**

暗い思いに支配されず、いかに明るい考えを持てるか。

これが人生における最大の修行だからこそ、クリアした人には、神様から、奇跡というものすごいご褒美がもらえるわけです。

人間を含め、命を持つ者には自己防衛反応があってね。命を守るために、危険を察知し、瞬時にそれを回避する能力がもともと備わっているの。

体のなかに毒を持つことで外敵から身を守ったり、周囲の草木と同じ模様が体に入っていることでカモフラージュしたり、ものすごい速さで走ることができたり。そういう生物、たくさんいるよね。

それと同じで、人間の場合は脳が発達していて、身の危険を感じると、不安や恐怖を覚えるの。という意味では、何かあったときにつらくなったり、悲しくなったりするのは、ごく当たり前の反応なんです。

でもね、人間の脳はあまりにも発達したことで、危険回避の反応がちょっと行き過ぎるところがあるんです。暗い波動が大きくて、それが人生を邪魔しちゃっている。

だから、自分で意識して「だんだんよくなる」って未来を明るく考えるの。

落ち込むことがあっても、「このことでまたよくなる」って明るい気持ちを取り戻すことが大事なんだ。

そうすれば、あなたは必ず奇跡の人になれる。

暗い気持ちになることは、生物としての反応だから仕方がない。

それを悲しんじゃいけないとか、泣いちゃダメだとか、自分を絞めつける必要はありません。

ただ、暗くなったらちょっと明るさを思い出せばいいの。

心が振り子のように行ったり来たりするわけだけど、嫌なことがあっても、「だから未来は明るい」っていうほうへ、ほんのちょっと心を持って行けたらマルなの。

それを習慣化していると、やがて一人さんみたく、自分のなかで明るい気持ちが当たり前になって、「だんだんよくなる」を信じることが簡単にできるよ。

奇跡の人

第2章

我慢や苦労を手放すことから成功は始まるよ

私の人生は苦労とは無縁なんです

一人さんは生まれてこのかた、一度もがんばったことがありません。努力もしたことがないんです。

勉強が苦手な私は、小学校でも、中学校でもいっさい勉強しなかったの。そのうえ、高校にも大学にも進学していません。勉強が嫌で、早く社会に出たかったからね。

普通に考えたら信じられないかもしれないけど、それで納税日本一になっちゃったんです。

たまに、「ほんとうは、とんでもない苦労をされたんでしょう？」なんて質問されることもあるんだけど、あなたの10分の1も苦労してないよって（笑）。

事業を始めてからも楽しく仕事しただけで、よく聞くような「どん底を経験した」なんてこともない。

しつこいようだけど、私の人生は、ほんとうに苦労と無縁なんです。

じゃあ、なぜ苦労知らずの私がこれだけの成功を収めたんですかって、苦労しないのが神的だからです。

だんだんよくなる未来は明るい――それを信じて、楽しく生きるのが神の生き方なんだよね。

多くの人は、努力に努力を重ね、苦労しなきゃ神は味方してくれないと思っています。だけど、がんばって欲しいものを手に入れようとするのは人的なの。

神的というのは、努力もしないのに、なぜか成功する道なんです。しかも、自分が想像した以上の結果が出る。

明るい波動を出して、あとは神様にお任せしておけばいい。

それで、人間の努力では絶対に得られないような奇跡が起きるんだ。

私は今まで、いろんなところへ遊びに行きました。全国各地をドライブ旅行で周り尽くしたといっても過言ではないほど遊んだし、今もその遊びは続いています。それから、一人さんは女性が大好きだから、彼女もいっぱい作りました（笑）。自慢じゃないけど、私って昔からなかなかモテるんですよ（笑）。それも、こちらは何もしなくても、相手のほうから「一人さんと一緒にいると楽しい。何番目の彼女でもいいから、私も仲間に入れて」って来てくれる（笑）。もちろん、冗談だけどさ。

これだけ遊びで忙しい毎日なのに、なぜか納税日本一になっちゃうんです。

結局、幸せになるためのがんばりって、努力とか苦しいものとかじゃないんだよな。楽しく遊ぶことなの。

人生を楽しんでいると、旅行するためのお金だって、彼女と遊ぶためのデート代だって、必要なお金はちゃんと入ってくるんです。困らないようになっている。

世間では、遊び歩くばかりじゃどうしようもないとか、生活がダメになるとかって、そういう真面目なことを先に考えるでしょ？　でもそれは、この世界の本質じゃない。

楽しく遊ぶ人からは、楽しい波動が出るの。その波動があってこそ、仕事でもなんでもうまくいくんだよ。

神的に生きたら、神の知恵が出てくるのは当たり前だし、神の知恵があればうまくいかないわけがない。

だから、カラオケ好きの人は、カラオケに通って歌いまくればいい。映画好きの人は、ヘンな罪悪感なんて持たず、どんどん映画を観に行けばいい。

苦しいことじゃなくて、楽しく遊ぶことをがんばるんです。

好きなことを楽しんで、あなたが明るい波動になれば、その波動で周りの人も幸せにできます。もちろん、あなた自身にもいいことがどんどん起きます。

反対に、苦労ばかりしている人は、その人の出す波動のせいで周りの人まで苦労の道に導いちゃうし、自分もさらに苦労することになるんだ。

うちのお弟子さんたちもね、一人さんのところに来てからは苦労が少なくなったんです。少ないどころか、苦労と無縁になったと言うんだよね。

お弟子さんたちみんなに、楽しいこと、うれしいことばかり起きるようになった。それはなぜかと言うと、私が神的な考え方しかしないから、自然とみんな神的な生き方、つまり奇跡の人になったからです。

神的って、ほんとうにすごいよ。どんな人にも、当たり前に奇跡を起こすからね。

我慢をやめて明るい波動を出してごらん

楽しむことが幸せの道につながるという話になると、「じゃあ私は仕事に行かないで、家でずっと寝ていたいです」と言う人がいるんです。

あのね、こういうのは単なるアラ探しなの。言葉尻を捕らえて、一人さんを困らせているだけなんだよね。

私は、みんなが豊かで幸せになれるようにって、愛からの気持ちでいろんな話をしていのに、ケチをつけることばかり考えちゃダメなの。

愛には、愛を返すのが基本だよ。


普通に考えたら、家で寝てるだけでお金を稼げるわけがない。

それに自分や家族が病気だとか、そうした何か特別な理由があるわけでもなく「家で寝てるほうが楽しいですから」って仕事に行かないでいると、間違いなく会社であなたのイスはなくなっちゃうと思います（笑）。

この世界ではお金を稼ぎたいんだったら働くのが当たり前だし、働きたくない人は、お金持ちを見つけて玉の輿《こし》に乗るとか、何かしら行動しなきゃしょうがないの。

資産家なら働かなくても食べていけるだろうけど、そうじゃないんだったら、仕事をしなきゃしょうがないよね。


そもそも、働かないでお金に困っちゃうのは、幸せじゃないでしょ？

目先の利益では、家で寝てるほうが楽しいかもわかんない。でも、生活の心配があると、何をしても楽しくないよね。ちょっとした出費で、反射的に「無駄遣いしたら、また苦しくなる」とかって不安が募《つの》るんじゃないかな。

と思うとね、家で寝てるのは、結果的に自分の首を締めるようなものなんです。ほんとうの楽しさじゃない。

もし仕事がつらいんだとしたら、楽しく仕事するコツを探すの。楽しく働いている人にアドバイスをもらったり、ヒントになりそうな本を読んだりするのもいい。同じ仕事でも、ちょっとした工夫で楽しくならないかなって考えてみるんだよね。

で、それでも仕事が嫌だったら、たぶんその仕事はあなたに向いてないから、我慢してまでしがみつく必要はないよ。別の仕事を探すのも手だし、自分で事業を始めたっていいんじゃないかな。

どっちにしたって、あなたの未来は明るいと決まっています。絶対にだんだんよくなるから、それを信じて楽しい道に進んだらいいんです。

仕事を辞めたらお先真っ暗だとか不安に思う人もいるみたいだけど、そんなことないよ。仕事は星の数ほどある。何も困ることはありません。

世の中はだんだんよくなるし、あなたの人生だって確実によくなる。

それを信じられないから、身動きが取れず、いつまでも苦しむことになるの。苦しい波動を出しているから、現実がますます苦しいものになるんだよね。

そう思って、**まずは我慢をやめて、明るい波動を出してごらん。**

同じ職場でもなぜか仕事が楽しくなったり、あなたにぴったりの転職先が見つかったりして、必ずうまくいくから。

楽しく働き出すと、びっくりするほどうまくいくんだ。

神の道理では、苦労しないほうが幸せになります。

楽しく生きていれば、あなたはだんだんよくなると決まっているの。

楽しい波動の人には、ますます楽しくなるような現実が訪れる。人生から困ったことが消えるよ。

そしてあなたがよくなれば、あなたの家族もうれしくなって幸せだし、そういう人が増えたら世の中だってよくなるんだ。

苦労が成功の条件と思ってないかい？

子どもの頃から、親や先生に「何かを成し遂げるには苦労をするのは当たり前」「苦労してこそ道が拓《ひら》ける」と刷り込まれてきた人がいます。もしかしたら、世の中はまだそういう人のほうが多いかもしれないね。

苦労が正しいと思い込まされたことで、頭では「苦労は間違っている」とわかっても、なかなか苦労の道から抜け出せないことがあるんです。

こういう人はね、いきなり「苦労をやめなきゃ」とかと思わなくていいよ。

まずは「だんだんよくなる未来は明るい」という言葉を口癖にすることから始め

てみな。

このままだと自分はダメになるとか、日本の未来は暗いとかって、そういう思いを持ってることが苦労の始まりなんです。その不安や恐怖の想念が現実になるから、苦労しちゃうの。わかるかい？


この世はだんだんよくなるし、あなたもよくなる。日本も世界も、宇宙も、来世もその先も、全部うまくいく。

未来は絶対、明るいよ。

それが不変の真実だから、過去に誰がどんなことをあなたに刷り込んだとしても、苦労が当たり前だというのは間違っているんだ。

未来は明るいと思うしかないんです。


その昔、中世ヨーロッパでも、みんな、苦労を当たり前だと思っていました。

でも実は、苦労してたのは平民だけなんです。王様の苦労話なんか、聞いたことがないでしょ？

王様は自分が苦労したくないから、身分が下の人に嫌な仕事を押しつけて苦労させてたの。で、そのことに疑問を持たせないように、宗教などを使って、民衆に「苦労するのは当たり前だ」と刷り込んだわけ。

もしほんとうに苦労が当たり前で、苦労の末に幸せになったり、豊かになったりするのが真実だとしたら、王様だって苦労してなきゃおかしいよね。

ところが、王様は苦労なしに豊かだったし、好きなことをして楽しんでいた。つまり、苦労をしないほうが正しいってことなの。

昔ならこういうウソも通ったけど、もう時代は変わったんです。**苦労が当たり前っていうまやかしに騙《だま》されちゃダメだよ。**

あとね、過去に傷ついた記憶がことあるごとに思い出され、そのたびに「私はダメだ」「やっぱりうまくいかない」って自分否定に走ってしまう人も、未来は明るいと思うしかない。

過去には失敗したかもわかんない。だけど、あなたはだんだん進化しているし、よくなってるの。失敗したときのあなたとは違うんだよ。

そう思えないで過去を悔やんでるばかりじゃ、いつまでも傷ついた過去と決別できないいんです。

未来は明るいと信じることが、不幸と縁を切るカギだよ。

悩みって魂を成長させる種なんだ

世の中も自分も、どんどんよくなる。

その方向に思いが変われば、今までのように悩むことはなくなります。

ただしこれも重要なことだけど、人がすべての悩みから解放されることはないんです。なぜかと言えば、人間は悩むようにできているからね。

神様は私たちを、悩みを解決する過程で魂が成長するように作ってくれているんだと、一人さんは思ってるの。

悩みがないのは天国にいるのと同じだから、それじゃわざわざ人間界に生まれてくる必要ってないでしょ？

魂の成長を考えたら、やっぱり悩みはあったほうがいい。

というか、人間には悩みに見えることでも、神様がくれているのは「これで魂を磨いて、幸せになりな」っていう幸せの種なんだよ。

神様は、私たちを苦しめようとしているわけではありません。

人間に悩みがつきものなのは、神様の大きな愛なの。

そりゃあ、悩みがあるのってつらいよね。苦しい。誰だって悩みたくないだろう。

だけど、クヨクヨしても悩みから解放されるわけじゃないのなら、ちょっとでも悩む回数を減らすことを考えたり、気持ちを切り替えて深刻に悩まないようにしたり、そういう心の持ち方に目を向けたほうがいいよね。

もともと神様は、私たちがそういう学びを得て、幸せになるために悩みをくっつけてくれてるわけだし。

そのときに大きな助けになるのが、世の中は、だんだんよくなる未来は明るいという思いなの。

明るい波動でいれば、悩みの種が出てきたとしても、その芽が出る前に解決できるし、もし悩みの芽が少し育ってしまっても、大きくなる前に摘《つま》み取れます。

だから底なし沼みたく気持ちが沈むことはないし、深刻に悩むこともないんです。

でね、明るい思いで悩みを解決できると、神様が「よくやった！」と褒《ほ》めてくれるの。収入アップとか、彼女（彼氏）や気の合う仲間を出してくれるとか、そのときのあなたにぴったりのご褒美をくれるんだよね。

悩みをダイヤモンドの学びに変えられる人は、神様も応援してくれる。

だからいつも明るい人は、信じられないほどツイてるんだよ。

神様は、いきなりわかりやすい形で幸せをくれるわけではありません。

自分の行動次第で幸せに変えられる、幸せの種をくれるの。

その種を、明るい思いという名の畑に蒔《ま》いてごらん。とんでもなく大きな幸運が収穫できるからね。

苦しいのは「道を間違えている」というお知らせ

苦しいことが出てきたときってね、神様の「その道は違うよ」という合図なの。

神様は、この世界がだんだんよくなるように作ってくれているし、どんな未来も明るい。そのなかで苦しいことがあるのは、間違った道を進んでいるからなんです。

神様はすごくやさしいから、私たちが宇宙の道理から外れると、必ずお知らせをくれるんだよね。

そういうときは、「だんだんよくなる」を思い出して、未来が明るいと信じたらいいんです。

それをみんな、「苦労を乗り越えてこそ幸せがある」とかって、歯を食いしばって苦しい道を進もうとするでしょ？　これが、不幸の深みにハマる原因なんだ。

苦労の道を行っても、その先に幸せはありません。だって、間違った道だからね。考えてみなよ。世の中には「苦労の後に幸せが待っている」と言う人がたくさんいるけど、そういう人がほんとうに幸せそうに見えるかい？

少なくとも一人さんは、苦労を推奨しながら幸せになった人は見たことがないよ。東京から北海道へ行きたいのに、逆の関西方面を目指してたんじゃ、いつまで経っても北海道にたどり着けないのと同じなの。途中、悪路で苦労すれば北海道に行けますかって、そんなわけないでしょ？（笑）

たとえば、目の前に嫌なやつが出てきたとします。会社でうつ病になるほど、プレッシャーをかけられた。

こういう場合は、我慢しちゃいけないんです。「やめてください」って言うとか、それができない人は、会社を辞めて逃げたっていい。

大事なのは、自分を苦しめないことなんです。

会社を辞めたら生活に困りますって思うかもしれないけど、あなたはだんだんよくなるし、未来は明るいから大丈夫なの。

とはいえ、今までずっと苦しい道を歩いてきた人は、なかなか大丈夫だと思えないかもしれません。

だからまずは、「だんだんよくなる未来は明るい」を口癖にするところから始めたらいいよ。それで思いが変われば、たちまち人生が動き出す。

明るい思いさえあれば、苦しくない道、楽しい道に続くいろんな知恵が出てくるから、そのなかで自分が無理なくできることをやってみな。

いつの間にか、別の人生みたくなっちゃうよ。

人を不安にさせる悪魔の言葉に支配されちゃダメ

日本は地震大国と言われるように、大小の地震が頻繁に起きます。

ニュースなんかでも、首都圏や、関東から九州にかけて、今後30年以内に70％の確率で大地震が起きるとか、いろんなことが報道されているよね。

そういう情報に触れると、どうしても人は恐怖心を抱きます。もう日本はダメだとか、自分も被災するんじゃないかとかって不安になる人がたくさんいると思います。

でもね、ただ怖がるばかりでは、ほんとうに大地震を招いちゃうんだよ。

地震が起きたらどうしよう、大変なことになるっていう重い波動が現実になっちゃうの。

あのね、人を怖がらせるのは悪魔だよ。悪魔の言葉に支配されて、だんだんよくなるという本質を見失っちゃダメなの。

神は、絶対に人を怖がらせることはありません。人に安心を与える役割なんです。

この違いを、ちゃんと見極めなきゃいけない。

悪魔の言葉じゃなくて、明るい、安心の言葉に耳を傾けてごらん。「だんだんよくなる未来は明るい」っていう言葉を口癖にして、毎日楽しく生きるの。

そうやってみんなが不安や恐怖の想念に取りつかれなくなれば、いざ地震が起きたとしても被害が抑えられるんです。

だんだんよくなる未来は明るいと思う人が多くなればなるほど、その想念が現実になって、本来は震度7の地震が震度6になったりする。

地震は、いつか起きるかもしれない。明るく生きてたら地震はこないんですかって、そういうわけじゃないんです。

だけど、明るい波動の人が増えれば地震がきても大丈夫だし、明るい波動が自分を助けるよ。

新型コロナウイルスにしたって、それまでよりもずっと軽い扱いになる5類感染症に国が決めるずっと前から、私はインフルエンザ並みの感覚になっていました。だけど、日本人は気質的に慎重なところがあるせいか、怖がりな人が多い。欧米ではマスクをしないのが当たり前になっていても、日本ではなかなかそれと同じにはできないんだよね。

ただ、それでも少しずつ前進しているし、じきに日本でも、コロナを必要以上に怖れる人はいなくなると思います。急に「はい、今日からコロナを怖がりません」とはいかないけど、だんだんよくなっている。

未来は、確かに明るいよ。

それから、コロナのワクチンなんかもね、「これってほんとうに大丈夫なんですか?」とかって心配する人がいるけど、不安だったら自分で調べてみて、その結果に自分が納得できたら打てばいいし、腑《ふ》に落ちないんだったら打たなければいいんです。

こういうのは自分で決めるしかないんだけど、**あなたが「私はこうしたい」と思う通りにすれば、それが正解だから大丈夫なの。**

どんな選択をしようが、未来は明るい。

あなたは絶対よくなるから、心配ないんだ。

何度でも言うよ。未来はめちゃくちゃ明るいの

一人さんの思う人生の一番の醍醐味《だいごみ》は、明るく生きることです。自分の好きなように生きることが、最高の醍醐味だと思っているんだよね。

というか、この世の中は明るく生きるのが大前提になっている。

先は明るいというのが宇宙の正しい流れだから、明るく生きることで幸せになれるんです。

そう思うと、不幸な人というのは、わざわざ自分から自然の流れに逆らっているようなものかもしれないね。

自分が不幸なのを周りのせいにしたり、環境のせいにしたりする人もいるけど、実は自ら不幸の道を選んじゃってる。

目の前に広くて歩きやすい道があるのに、わざわざ断崖絶壁をよじ登りながら進もうとしている、みたいな（笑）。

たとえば子どものいる人だと、親は「子どものことを思うと心配が尽きない」とか、子どものためを思っているように言うでしょ？

それも、自分から心配の崖をよじ登ろうとしているだけだと思うよ。

もちろん、子どもが大切だからこそ、子どもの将来が気になるんだよね。それは当たり前のことだし、一人さんも親御さんの愛情はよくわかります。

だけど、**世の中はだんだんよくなるということが腹落《はらお》ちしている人は、それが不安にはつながらないんです。**

子どもが心配になるのは、親自身が先を暗いと思っちゃってるの。だから子どもにも、「この不安定な世の中を生き抜く力を身につけてやりたい」ってなるんだね。

始まりが違うんです。

未来は暗いわけじゃない。めちゃくちゃ明るいの。

そうやって思いのスタートが変われば、子どもに対しても変わるよ。

どうせ未来は明るいんだから、心配なんかしなくても子どもはちゃんと育つし、幸せに生きていく。そういう考えに至るんだよね。

それにさ、**あなただって神の子だけど、子どもも神の子です。**本来、どちらも奇跡の人なんだ。

子どもの魂は、自分にとって正しい道をちゃんと知っているよ。

それを信じてあげたら、万事うまくいくからね。

どんな仕事でも繰り返せばうまくいくんだ

一人さんには、たくさんのお弟子さんがいます。

ここで言うお弟子さんというのは、世間では部下や従業員とされる人も含むんだけど、私は仲間たちのことを部下や従業員だと思ったことはなくて、みんなお弟子さんとして大切にしているんです。

でね、うちはよく「一人さんの会社の人は、みなさん幸せそうですね」と言われるの。どうやったら、そんなに幸せに働いてもらえるんですかって。

私はね、誰に対しても「だんだんよくなる」と思っているだけで、特別なことは何もしていません。

だんだんよくなるという大前提で仕事をしてもらっているから、どんな人に対しても、「この人はダメだ」「これはひどい」みたいなことは思わないんです。

そりゃあね、新しい仕事を始めたら、誰だって「なんでこんな簡単なことができないの!?」ってショック受けちゃうようなことはあると思います。要領がわかるまでは、みんなミスをするし、仕事のスピードだって遅いのは当たり前なの。

でもね、今はうまくできなくても、絶対よくなるんです。

仕事でもなんでも、ものごとは続けているうちに必ず慣れるものだし、慣れたら要領を得て、スピード感もついてくる。

難しい仕事も、サラッとこなせるようになります。

だから一人さんは、どのお弟子さんに対してもイライラしたことはないし、怒ったこともありません。

会社を作って、お弟子さんたちがひとり、またひとりと増えてきたときには、「俺がやるのを見てな」って、初めは1から10まで全部やってあげたんだよね。「ああしろ」「こうしろ」みたいな指示の出し方はしたことがない。

1回で覚えられないことは、2回、3回……って何度もやってあげてさ。見てるうちにできるようになるから、心配ないよって。

そうするとね、こちらがハッパなんかかけなくたって、お弟子さんたちは自分から「早く覚えて、一人さんの負担を減らしたい！」ってがんばってくれたんです。

嫌な顔をせず何度でも笑って教える一人さんの姿に、「よし、やるぞ！」ってすごい闘志を燃やしてくれた。

人は、「がんばれ」「もっと努力しろ」みたいなことを言われるよりも、自分のために誰かが一生懸命になってくれる姿を見たほうが、よっぽどやる気につながるものなんだよね。

だから、**もしあなたの職場に仕事がうまくできない人がいるときは、あなたが代わりにしてあげたらいい。**

相手はだんだんよくなると決まっているから、それを信じて、じっと待ってあげたらいいんだよね。

叱ったり文句を言ったりするより、そっちのほうがはるかに効果的なの。遠回りに見えて、それが一番早い方法なんだ。

奇跡♡の人

第3章

幸せになりたいなら「そのままの自分」をゆるすんだ

悟りとは未来は明るいと信じること

人が真の幸福を手に入れることを、よく「悟りを開く」と言います。不動の幸せは、悟りによってもたらされるとか言うでしょ？

だけど悟りって、お坊さんや山伏《やまぶし》みたいに、山にこもったり、滝に打たれたりしなきゃいけないとみんな思っている。厳しい修行をしてこそ悟りの境地に至るものだから、自分にはとうてい無理だなって。

でもほんとうのことを言えば、**厳しい修行なんてしなくても、誰でも簡単に悟りに至る方法があるんです。**

それは何かと言うと、「だんだんよくなる」を信じることです。

徹頭徹尾、未来は明るいと思うこと。

実は、これこそが悟りなんだよね。

世の中も自分も、絶対にだんだんよくなると思いながら生きていると、どんな暗いニュースを聞いても、それに振り回されません。

不安や恐怖心を、自分でパッと打ち消すことができる。ゆるぎない幸せを手に入れることができる。

つまり、悟りの境地に至るわけです。

明るい波動を出していると、自分の周りにも、同じような人たちが集まってくるんです。波動の重い人はあなたのそばから立ち去り、明るい考えの人だけが残る。

明るい人としか関わることがなくなれば、当然、ふだんの会話から何から全然違ってきちゃうよね。

嫌なことがあったときに、あなたが「世の中はだんだんよくなるから、大丈夫だよ」と言えば、周りもみんな、「そうだね、未来は明るいから」と安心の波動が返ってくる。

こういう環境にいると、ますます「だんだんよくなる」ということに確信が持てるじゃない。

そうやって、どんどん明るい波動が強くなっていくんです。

現実も、ほんとうにだんだんよくなっていく。


自分ひとりが光を出すだけじゃ弱いけど、みんなが光を出し始めたら、世界はうんと明るくなります。

でも、初めは自分だけでやるしかない。

新しいことは、なんだって最初はひとりなんだよね。

それでも明るい光を出し続けていると、ひとり、またひとり……って、明るい人が出て来てくれます。

あなたの明るい波動に共鳴した人たちが、「類友《るいとも》の法則」で集まってきて、お互いにどんどん「明るいのが正解だよね」って強い確信が持てるようになる。

そうやって、**明るい波動を出した人から幸せになっていくんです。**

まずは、あなたが「だんだんよくなる未来は明るい」という言葉を何回でも言いな。心のなかで唱え、口に出してつぶやき続けるの。

初めはすぐ暗い気持ちが顔を出すかもしれないけど、そのたびに「大丈夫」「絶対よくなる」って明るい言葉で打ち消すんだよ。

言葉には、言霊《ことだま》の力があるからね。未来は明るいと言い続けたら心も明るくなるし、未来も間違いなく明るくなるんだ。

自分の性格の嫌いな部分も神様がくれた宝物だよ

知らないことがあって、その意味を人に聞きたくても、「こんな質問をしたら、そんなことも知らないのかと思われそうで恥ずかしい」と思って聞けなかった……。

そんな経験、みんなにはないだろうか？

あるいは、何かやってうまくいかなかったら恥をかくからやめておこうとか、失敗したら恥ずかしいから人に言わないでいようとか。

日本人はシャイなところがあって、恥をかくことが苦手だと言われるから、多くの人は、大なり小なりこういう気持ちになったことがあると思うんです。

でも一人さんは、そういうのを一度も思ったことがないの。

私は、知らないことはなんでもすぐ人に聞いちゃうし、興味のあることは聞かずにいられないから、恥ずかしいも何もないんです。

もちろん自分でも調べるけど、人に聞いたほうが早ければためらいなく聞く。

行動した結果うまくいかないことがあったとしても、それを恥だと思ったこともありません。

だって私は、自分の未来は明るいと本気で思っているからね。

人に馬鹿にされるかもしれないとか、そういうことを考えもしないから、ほんとうに嫌な人が出てこないんです。

あと、一人さんは「俺はだんだんよくなる」と信じて疑わないし、ほかの人のことも同じように思っている。

私自身が、まず人を馬鹿にしたことがないんです。

で、自分が人を馬鹿にしたことがないと、自分が人から馬鹿にされることも想像できないから、知らないことはさらっと聞けちゃうし、うまくいかなかったことを人に知られたとしても、なんとも思わない。


いろんな人の相談に乗っているとね、たまに「私はプライドが高くて、恥をかくことがすごく苦手です」っていう人がいるんです。プライドの高さが、人に自分の弱みを見せられないことにつながっていると言うんだよね。

だけど、一人さんの感覚では真逆なの。

プライドが高いから進化するし、プライドがあるからうまくいく。プライドの高いあなただから、未来は明るいのになぁって。そう思うんです。


あのね、持って生まれた性格って、毛嫌いしてもそう簡単に直らないんです。というか、直したくていろいろやったけど、どうしても直らないから悩むわけでしょ?

それって、性格を変えようとすることが間違っているという神様からのサインだと思うよ。うまくいかないことを強引に進めようとしても、苦しくなるだけなの。

人それぞれ、気質や性格が違うのはね、神様が**「その性質を活《い》かして幸せになるんだよ」**ってくっつけてくれた宝物なんです。決して、ダメなところじゃない。

それを無理に直そうとするのは、あなただけの宝物を捨てちゃうのと同じだよね。

自分のどんな性格も、変えられないものは、ゆるして受け入れるしかありません。

でもね、「だんだんよくなる未来は明るい」と信じ、ありのままの自分を信じてあげたら、どんなコンプレックスも、ピカピカに光る魅力に変わるよ。

私が納税日本一になれたのは中卒だからなんです

一人さんは、最終学歴が中学卒業なんです。私は学校の勉強が嫌いだったから、高校にも大学にも進学しなかったの。

普通の人は、中卒がコンプレックスになったり、隠したがったりすることもあると思います。でも私は、そんなこと考えたこともないんです。

それどころか、自分の成功を中卒だったからできたと思っているし、むしろそれが誇りになってるの。

こういう感覚は中学を卒業した当時も同じで、私は昔から、「中卒で人より早く社会に出られるから出世するぞ」って自分の未来をとんでもなく明るく考えていたんです。それを微塵《みじん》も疑わなかった。

そして、実際に納税日本一にまでなったし、最高学府を卒業した人よりも、はるかに幸せであり続けています。

この世の真理通りに生きていれば、自分にぴったりの明るい未来がもたらされる。

だんだんよくなると信じ続けた人には、最高の幸せが訪れるんだ。

さっき恥の話をしたけど、実を言うと、一人さんはみんなが恥ずかしいと思うことが、いまいち理解できないんです。それは、私自身には恥ずかしいと思うことが何一つないからなんだけど。

でも、今思ったの。もしこの世に恥ずかしいことがあるとしたら、それは「未来は明るい」と思えないことかもしれないなぁって。

みんなは、自分の未熟なところを恥ずかしいって思うみたいだけど、未熟って恥ずかしいことじゃないよ。

完璧な存在は神様だけで、人間はみんな未熟で当たり前なんです。

それに、未熟だからこそ進歩できるんだよね。社会にしても、そこで活動する人間が未熟だから生成発展する。

未熟って言うと、人間として足りないとか、満足できないとか、一般的にはそういうイメージがあるかもしれません。

だけど一人さんの言う未熟は、そういうネガティブな意味ではありません。

私には、うんと伸びしろがあるよって。未熟を、明るい意味で捉えているんです。

未熟だから、この先よくなるしかない。

要は、「未熟＝未来は明るい」ってことなんだ。

結局、何をどう論じても、行き着くのは「だんだんよくなる未来は明るい」なの。

金太郎飴と同じで、どこから切っても未来は明るいんです。

いいかい、未熟な自分だから完璧なの。そのことを忘れちゃいけないよ。

人の本質は「愛」か「怖れ」のどちらかだよ

人の本質ってね、ほんとうはすごくシンプルなんです。

複雑な感情を持っているように見えるけど、人間の心は、大きく分けると「愛」か「怖れ」の2つしかありません。

愛というのは何かと言えば、心のなかに「だんだんよくなる未来は明るい」という確固たる光があって、その上に成り立つやさしさや喜び、感動、幸せといった温かいものを指します。

一方で、この世界は最悪だとか、どうせうまくいきっこないなど、怒りや悲しみ、苦しみ、不安からくる感情は、どれも怖れです。

人の思いは、この真逆の波動を持つ2つの感情のどちらかに属し、両者がどんなバランスになっているかで自分の波動が決まるの。

今、あなたの心に愛が6割だとしたら、怖れの感情は4割になる。その愛を9割まで引き上げたら、ほとんど怖れはなくなって、暗い感情に振り回されることはなくなります。

この観点から言えば、いつも怒っているとか、ビクビクしているとかって、愛が出ていないんです。怖れが大きいの。

愛が大きければ攻撃的になるわけがないし、暗闇に落ち込んで抜けられないなん

てこともない。

愛と怖れは同時に100%ずつ存在することはできないから、怖れに支配されたくなければ、愛を大きくすればいいんです。

つまり、「だんだんよくなる未来は明るい」と信じ、明るい波動を出すことだよ。

もし、今あなたが怖れに支配されてしまっているとしても、それはあなたに愛がないからじゃないんです。

あなたには大きな愛があるの。ただ、今はそれを見失っているだけ。

それを思い出させてくれるのが、「だんだんよくなる未来は明るい」という安心感なんだよね。

世の中はだんだんよくなるし、自分の未来は明るい。その土台ができたら、勝手にどんどん愛があふれ出すの。

今までどれだけ怖れで自分を縛りつけていた人でも、愛が出たら自由になるし、自分にも周りにも優しくなれます。

嫌なことを我慢せず、好きなことをして楽しめる、明るい自分になるんだ。

自分を愛せる人は他人も愛せるようになる

一人さんの心ってね、数字で言えば99・9999……%が愛なんです。ほんとうは100%と言いたいところだけど、私だって人間だからね。弱気になったりすることはいっさいないんですかって言えば、もちろんそんな完璧じゃない。

ただ、心のなかはほとんど愛でいっぱいだし、そのなかでも特に、自分を愛することにかけては世界で一番だと思っています。

どんな自分でも責めることはないし、未熟だろうがなんだろうが、そのままの自分で最高。

それができるのは、やっぱりいつも「だんだんよくなる」を信じているからです。

未来を明るく考えていることが、愛につながっている。

明るい波動でいれば、自分を大切にできます。すると、勝手にほかの人のことも大切にできるようになるんです。

自分を愛せる人は、それと同じように人を愛せる。

人間はね、自分のことだけ愛して、人のことはどうでもいいっていう考えには絶対ならないんです。どんな人も神の子だし、魂同士は愛でつながっているから、愛を思い出せば絶対にほかの人の幸せも願うようになるの。

自分だけ幸せになっても、周りがみんな不幸だとしたら、あなたの幸せだって長くは続きません。

幸せは、誰かと一緒に分かち合うから価値があるんだよね。

そもそも、自分はだんだんよくなると思っていると、誰に対しても、無条件に「あなた最高だね！」ってなるよ。誰もがみんな、だんだんよくなるわけだから、人を責めたり否定したりすることがないんです。

だから安心して、自分への愛を最優先に考えたらいい。それで人間関係も、万事うまくいくんだ。

それと、愛がある人は周りからすごく好かれます。

気楽に好きなことを言っていても、愛があれば人の嫌がる言葉なんて口から出てこないし、当たり前に思いやりのある行動ができるからね。

そうすると、誰かにお願いしたいことが出てきたときやなんかに、ほぼ100％、相手に受け入れてもらえるんです。スムーズに自分の要望が通る。

だんだんよくなることを信じていると、愛が深まって人間関係にストレスを感じることもないし、傷ついたり、落ち込んだりすることもない。

しかも、自分の要望までかなえられるんだから、人生うまくいかないわけがないよね。

明るい思いを絶やさなければ成功はすぐそこ

一人さんは昔から「自分を褒めな」「人を褒めな」って言うんです。自分や人を褒められることはすごい才能だから、それですべてうまくいくよって話なんだけど。

でも最近、しみじみ思うの。

自分や人を褒められるって素晴らしいことだけど、それ以前に「だんだんよくなる未来は明るい」を信じてなきゃ、才能は活かせないよねって。

どんなに美辞麗句《びじれいく》を並べても、心のなかで「どうせダメだ」とか思っていたんじゃ、波動は明るくならない。

初めに、未来は明るいという思いありきなんです。

というか、明るい思いがあれば、いちいち人を褒めようとしなくても、自然と会話をしている相手を褒めちゃうものだよ。

人を褒め、自分を褒める「ほめ道」を極めているみっちゃん（一人さんの直弟子・みっちゃん先生）にしても、ほかのお弟子さんたちにしても、目の前の相手をいつも「すごいね」「素敵だね」って褒めるから、みんなにすごく慕われているの。

でも、お弟子さんたちは、意識的に褒めているわけではないし、ましてや、褒めることで自分の利益を得ようだなんて考えていないよ。

みんないつだって、だんだんよくなる未来は明るいという思いがあるから、自分に対しても、ほかの人に対しても、世の中に対しても、進化している部分しか目に入らないいんだよ。

目の前にいる人の未来は明るいから、そのままで大丈夫だし、どんどん進化しているのがわかる。

だから、出てくるのは愛のある言葉だけだし、サラッと人を褒められるんです。で、愛のある人から、愛のある言葉をかけられた人は、自信がついてより魅力的になっていく。

お互いに愛を出し合える、幸せな世界が広がるよね。

あとね、多くの人は自分の才能を見つけるのに必死になったりしてる。

だんだんよくなることが信じられる人は、自分の才能を探そうとか、育てようとか考える必要もないんです。

才能があろうがなかろうが、未来は明るいというその思いが、ほんとうに明るい現実を作り出してくれるものだから。

という意味では、**未来は明るいと思うこと自体が最高の才能かもしれないね。**

世の中には、字がうまいとか、足が速いとか、頭がいいとか、いろんな才能があります。でもほかのどんな才能よりも優れているのは、明るい光を出せることだよ。

だんだんよくなるという明るい思いは、幸せの基本であり、これこそがもっとも大きな結果をもたらす才能なの。


私は多分、世界で一番「未来は明るい」と思っている人なんです。

一人さんの最大の才能は、だんだんよくなる未来は明るいという思いがゆるぎないことであり、それがこの世界の真実だから、ここまで成功できたんだろうね。

今までに思いついてきたいろんな知恵にしても、私がいつも「だんだんよくなる未来は明るい」と思っていたからひらめくことができた。

すべては未来を信じ、明るい思いを絶やさなかったことから始まった。

思いには、あらゆる能力をはるかに超える、最強の力があるんだ。

幸せになるのが亡くなった人への供養だよ

一人さんは彼女が40人いるとか（笑）、ほとんど会社に行かないでドライブ旅行ばかりしてるとか、普通の人には考えられない生き方をしてきました。

それでいて、納税日本一になった。

だんだんよくなる未来は明るいと信じて楽しく生きていると、愛があふれて波動がよくなる。だから奇跡みたいなことがいくらでも転がり込んでくるし、悩みもありません。

こういう生き方ってね、もちろん自分が幸せになるためでもあるけど、実は、無念の思いを残しながら亡くなっていった人たちのためでもあるんです。

過去には、今の時代みたいに自由がなく、好きなことを楽しむこともできないまま亡くなっていった無数の魂がいます。

そういう人たちのことを思うと、一人さんは「俺がみんなの分まで幸せになるぞ」って力が湧《わ》いてくるんです。私はね、今世ここで生きている人間の幸福こそが、亡くなった人に対する供養だと思っているの。

亡くなった人の魂は、この世界が悪くなることなんて望みません。

前世で無念の思いを残しながらこの世を去ったからこそ、次に生まれ変わったときには自由を謳歌《おうか》したいはずなんです。

今、ここで生きている私たちが少しでも明るい波動を出し、いい世の中にしようと思うことは、亡くなった人にすごく喜ばれることだよね。

だから一人さんは、自分のご先祖様はもちろん、そうでない魂も含め、すべての亡くなった人のために自分が幸せになるの。

思いを遂《と》げられなかった魂たちのために、今生きている自分が、その人たちの分まで楽しもうって思うんです。

で、私は彼女を40人作った（冗談ですからね。笑）。だってさ、過去には彼女が1人もできないまま亡くなった人もいるんだよ。その人の分まで私がいい思いをして、楽しんで、幸せにならなきゃいけないの。

ほんとうは彼女を1万人作っても足りないくらいだけど、残念ながら私の体は一つしかない。さすがに1万人の女性とつき合うのは無理だから、なんとか可能な範囲で40人にしているんです（笑）。


旅行にしても、普通は「若いときはお金がないものだから、質素な旅だったでしょう？」と言われるところを、私は若い頃から成功して、高級外車にも乗ってたし、いい旅館にも宿泊していたの。

なぜそんなことができたんですかって言うと、やっぱり亡くなった人の分まで楽しもうと思っていたからです。

贅沢《ぜいたく》をしたくてもできないまま亡くなっていった人たちの分まで豊かになろうと

思ったから、ほんとうにそれができたと思っています。

この世界は太陽と闇との戦いみたいなものなんだ

「一人さんが一番幸せなときは、いつですか？」っていう質問を、私は昔からよくされるんです。

それで私はどう答えるかというと、「毎日、どんなときも幸せだよ」なの。

一人さんの思う幸せってね、日常のささやかな喜びや感動の積み重ねだから。なんてことない日常にこそ、一人さんは一番幸せを感じるんです。

で、その絶対的な幸せを手に入れるためには、「だんだんよくなる未来は明るい」という思いが重要。それがなきゃ始まらないんだよね。

だって先が明るいと思えない人が、些細《ささい》なことに幸せを感じられるわけがないでしょ？

未来は明るいと思っていると、なんだか幸せなんだよね。

いちいち、「俺は今、幸せかな？」なんて意識したことはないけど、いつも幸福感で満たされている。

それこそ、ただぼんやりしてる瞬間だって最高に幸せを感じます。

それは私がいつも、未来は明るいと思っているからなの。

世の中も自分も、みんなもだんだんよくなると決まっているわけだから、未来は今よりもっと幸せだし、幸せ以外になりようがないんです。


この世界はね、太陽と闇との戦いみたいなものだよ。

だんだんよくなる未来は明るいと思えば、あなたの上には太陽が出ているのと同じなの。いつでもさんさんと明るい光に照らされて、植物がグングン成長するように、あなたも生成発展していく。

あったかくて、愛に満ちた人生になるんだよね。

その反対に、不安や恐怖は闇なの。

未来を嘆いたり、自分は大丈夫だと信じられなかったりすると、太陽が遮られて、あなたの世界は真っ暗闇になっちゃうんだ。

天岩戸《あまのいわと》という神話があってね。

簡単に言うと、天照大御神《あまてらすおおみかみ》という太陽の神様が岩屋（洞窟《どうくつ》）に隠れてしまったことで、世界から光が消え、闇夜になってしまったという話なんだ。

未来は明るいと思えないでいると、それと同じことが起きちゃうんです。

あなたのなかの天照大御神が隠れてしまい、暗黒の世界が広がってしまう。

でもね、あなたが「だんだんよくなる」ということを思い出しさえすれば、光はまた差し込むし、闇は消え去るよ。

だから今、苦しい人は、とにかく「だんだんよくなる未来は明るい」って言えばいい。それで必ず救われるからね。

奇跡の人

第4章

明るい思いこそがツキを呼ぶからね

脳はあなたがふだん思っていることを現実化する

人間の脳って、すごいんです。自分が強く意識しているものを、指示を出さなくても勝手に探し出してくれるんだよね。

たとえば一人さんの場合、「だんだんよくなる未来は明るい」という思いが当たり前なの。何があっても大丈夫だし、**「俺は最高にツイてるぞ」**って。

心のなかは、ずっと愛で満たされている。

そうするとね、私の脳に「ご主人様の人生は、だんだんよくなる」というデータが強力にインプットされて、勝手に幸せになる道へ連れて行ってくれるんだよ。

愛のある人、居心地のいい場所、うれしい出来事、今の自分に必要な情報に、ちゃんと気づかせてくれる。そっちに目を向けてくれるの。

その反対に、愛のない嫌なものは、脳が「ご主人様が興味のないもの」として認知するから、私の目に入ってこないわけです。

一人さんは、自分で楽しいことを探したり、幸せになろうとしたり、そういうことはふだんまったくしていません。

私が意識しなくても、脳が楽しいことに気づかせてくれるし、勝手に幸せになっちゃうんだよね。同じ出来事でも、気づけば愛のある面を見ている。

いちいち自分でコントロールしなくても、私には明るいこと、愛のあることしか見えないんです。

心のなかに当たり前にある、「だんだんよくなる未来は明るい」という思いが、目の前の出来事としてそっくりそのまま現れるの。

では、心が不平不満や愚痴《ぐち》ばかりで、愛を忘れてしまうとどうなるだろう。

これもやっぱり、脳は「ご主人様は、愛のないことに興味があるんだな」って認識するの。

ネガティブな感情でいっぱいの人は、次から次に嫌なことが起きちゃうし、その人が暗い思いにとらわれている限りそれは続きます。

脳は、善悪までは判断できません。幸せになるのが正しいとか、暗いのは間違っているとか、そこまで認識する力はありません。

善悪や好き嫌いを判断するのは、あくまでも人間の自由意志に任されている。

だからこそ、「だんだんよくなる」を信じるの。

未来は明るいと思えたら、あなたの脳はそれを全力で実現しようとがんばってくれるからね。

神様が私たちに授けてくれた脳の力をうまく使って、幸せの道に進むんだよ。

毎日が特別でツイてる。それが一人さんなんです

一人さんは、ふだん日付や曜日を気にしたことがありません。

ざっくり、「今は4月だな」とかはわかるけど、今日が何日だとか、何曜日だと

かってことはまったくわからないの（笑）。

知る必要があるときは、そばにいる人に聞けば解決するし、私に大事な予定が入っているときも、忘れないようにみんながいつも教えてくれるから、自分で日付や曜日を確認しなくてもまったく問題ないいんだよね。

そんなわけだから、私は自分の誕生日もよく覚えていなくて（笑）。

もちろん生年月日は覚えているけれど、日付を気にしないから、自分の誕生日が近づいても気づかないいんです。仲間が「もうすぐ一人さんの誕生日だね〜」って教えてくれて、ようやく「あぁ、そうか」って（笑）。

こんなことを言うとしらけちゃう人がいるかもわかんないけど、自分の誕生日がきても、私はこれと言って特別感もないし、ワクワクすることもないんです。

なぜって？　一人さんは毎日が楽しいことでいっぱいだから、自分の誕生日が特別にうれしいとか、普通の日はつまらないとか、そういう感覚がないんだね。

誕生日だろうがそうじゃなかろうが、私は自分の好きな場所へ行くし、そのとき食べたいものを自由に食べます。といっても、好きなものは定食屋のごはんだけどね（笑）。

毎日が特別だし、いつも幸せなの。

それとね、日本には四季があって、たとえば春はワクワクして楽しい気分になったり、秋にはなぜか寂しい気持ちになったり、季節によって感情が動かされるって言う人がいるの。

それも一興だと思うけど、いつでも楽しいほうがトクだと思ってる私は、季節によって楽しいとか、寂しいとかって、そういう気持ちの変化はないんです。

春夏秋冬、年がら年じゅういつでもワクワクするし、どの季節も大好きなの。

一人さん的には、春はいろんな花が咲いてきれいだし、夏はミニスカートを履く女性がいっぱい歩いていてうれしい（笑）。秋は食べるものがうまくて、冬は雪がきれいだよね。

秋だから寂しいとか、冬は寒くて嫌になるとか、そんなこと思いもしないの。なんでも、明るく考えるのが一人さんなんです。

私は毎日ツイてるし、いつも楽しい。

「だんだんよくなる未来は明るい」と思っている一人さんには、厄年や仏滅みたいな、星の巡りが悪いという感覚もありません。

毎日が大安だし、いつも一粒万倍日《いちりゅうまんばいび》。最高だろ？

方角にしても、一人さんは自分のいる場所がどんなところよりもいい波動が流れる、一番のパワースポットだと思っているんだ。

かっこいい生き方とは暗い思いを手放すこと

人はみんな、かっこよく生きたいんです。誰だってかっこよくなりたい。

じゃあかっこよく生きるにはどうすればいいですかって言うと、まずやったほうがいいのは、かっこ悪いことをやめることなの。

かっこよくなることを付け足すのではなく、かっこ悪さを手放すんだよね。

で、一人さんが一番「かっこ悪いなぁ」と思うのは、世の中がだんだん悪くなると言う人です。

日本に住んで便利なサービスを受けながら、「日本はもう終わりだ」とか、「これから貧しくなる」とか、「昔はよかった」とか、聞いた人まで不安になるような話ばかりする人は、ほんとうにかっこ悪いよね。

私は日本という国が世界で一番好きだし、こんなに優れた国はないと思っているんです。素晴らしい企業もたくさんあるし、ほんとうに豊かだよ。

真面目で誠実で、一致団結すると、とんでもない底力を出せるのが日本人なんです。そんな国が、なぜ落ちぶれると思うんだろう?

かっこよくなりたければ、まずはこういう愚痴《ぐち》や文句をやめようねってことなの。

見た目がかっこいいことも素敵だけど、ほんとうのかっこよさって、容姿うんぬんじゃないんです。

かっこいい考え方ができる人は、外見に関係なく最高にかっこいいし、そういう人はオーラが違ってきちゃうの。ハンパなく光る。

じゃあ、かっこいい考え方とはなんですかって言うと、「だんだんよくなる」と信じている人の、愛のある明るい考え方です。

神的な波動で、人を安心させてくれるのがかっこいい人なの。

暗い波動を出しながらかっこつけたってダメだよ。みんな賢いから、そんなのすぐ偽物だと見破られちゃうんです。

かっこいいってね、男も女も関係ありません。若者でもお年寄りでも、どんな仕事をしていても、かっこいい人は誰が見てもかっこいい。

それと同じで、かっこ悪い人は、自分では気がついていなくても、誰が見てもかっこ悪い。

で、手前味噌でごめんなさいだけど、一人さんは、自分みたいな生き方が一番かっこいいと思っています。

最高にかっこいいと思う生き方を、私はずっと貫いてきたんだ。

選ぶ基準は〝高級〟じゃなく〝心のワクワク感〟

私はかつて、自宅の駐車場に高級外車を何台も駐《と》めていたことがあります。でも実を言うと、その大部分はほとんど乗ってなかった（笑）。

若い頃はそれなりに自分で運転して、いろんな車で全国各地へドライブ旅行をしていました。で、間もなくして、**一番いい車は国産のワンボックスカーだと気づいちゃったんだよね。**

何せ車高が高いから、大好きな景色がよく見える。それに、国産のワンボックスカーは運転しやすいし、乗り心地もいい。

旅先で何かトラブルが起きても、国産車なら、対応してくれる販売店が地方でも簡単に見つかります。すぐ修理してもらえるでしょ？

ワンボックスカーは大勢乗れるから、仲間が集まっても1台で移動できるメリットもある。荷物だってたくさん詰めるしさ。これほど実用的な車はないの。

第一、私は日本が大好きだから、日本車のよさがわかると、そっちばかり乗っちゃうんです。


だから一人さんは高価な車も買ったけど、それには乗らないで、国産のワンボックスカーに乗ってるの。買った外車は、どれも車庫で眠っていました（笑）。

ある車なんて、買ってから一度も乗らなかったなぁ。運転席に座ったこともなくて、そのうち持ってることすら忘れちゃった（笑）。それがほんとうのところです。

じゃあ、どうして乗りもしない外車を買ったんですかって言うと、その車ならではのスタイルに魅力を感じて、「買ったら楽しいだろうな」と思ったんだよね。

女性だって、ハンドバッグが好きな人は家にいくつも眠ってるでしょ？　手は2本しかないのに、10個も20個も持ってる人っている（笑）。あれと同じです。

世の中には、高級品を所有することが幸せの象徴みたく思う人がいるんだけど、それは違うの。

私は、確かに高級外車を買いました。でもそれは、「かっこいいなぁ」と思った車がたまたま高級だっただけなの。

自分を楽しませてあげたくて買ったわけだけど、実際に乗っているうちに、国産のワンボックスカーのほうが私は幸せを感じることに気づいた。だからそこからは、もう高級外車は買わなくなったんだよね。

お金をいっぱい出せば幸福感が買えるわけじゃなくて、自分がほんとうに楽しいと思うこと、心のワクワク感こそが幸せなの。

心を満たすのは、いつだって自分の思いだよ。

見栄や虚勢ではなく、真に自分が望むことが幸せなんだ。

八つ当たりする人は未来は明るいと思えない人

ある人から、「外で嫌なことがあると、家に帰って、家族に八つ当たりしてしまう自分が嫌になります」っていう相談を受けたの。

この人もそうだけど、ほとんどの人は、八つ当たりはよくないとわかっているし、なんとかそれをやめようと思っているんだよね。

でも、なかなかうまくいかなくて悩んじゃうんです。

これは何が原因かというと、やっぱり「だんだんよくなる未来は明るい」が信じられないでいるからだと思います。

自分の未来を明るく考えられず、心のなかに「どうせ自分なんて」という思いがあるから、自分を大切にできず、いつも我慢ばかりして苦しいんじゃないかな。

しかもその我慢が報われないから、余計にイライラして、感情をぶつけやすい家族に八つ当たりしちゃうんだよね。

でも、我慢はすればするほど苦しくなるだけなの。

一人さんは昔から、我慢からは恨みしか生まれないよって言うんだけど、それくらい我慢はよくない。

我慢しながら明るい気持ちにはなれないし、幸せになることもできないんです。


ちなみに一人さんの周りには、八つ当たりするような人は誰もいません。

私自身も誰かに八つ当たりなんてしたことがないし、お弟子さんたちのなかにもそういう人はいないし、八つ当たりとは無縁の世界に住んでいるんだよね。

それはまさに、みんな「だんだんよくなる未来は明るい」と信じている人たちばかりだからです。

未来を明るく思っている人は、自分がだんだんよくなることを知っているから不安もないし、いつも機嫌がいい。

たとえ嫌なことがあっても、起きたことにいちいち感情を振り回されません。

こういう機嫌のいい人は、周りに当たり散らすことはないよね。

それに、未来は明るいと思って機嫌よくいると、機嫌の悪い人が目の前に出てきても気にならないの。

そういう人がいても、そっと距離を取って相手にしないし、もし向こうが攻撃してきたとしても、そよ風のごとくサラッとかわせるんだよ。

でも実際は、機嫌の悪い人が出てくること自体がほとんどありません。

だって明るい波動の人には、そもそも嫌な相手が近寄ってこないし、周りにはいつも愛のある、いい人しかいないからね。

自分と合わない人と無理して会ってないかい？

人は生きている間にいろんな人と交流するけど、なかには当然、ウマが合わない相手だっているし、嫌なやつが出てくることもあります。

あと、特に嫌なところはないけど、直感でなんとなく「この人、苦手だなぁ」と思う人もいて、大抵、そういう勘は当たってるんです。

でね、こういう相手が出てくると、「自分の感覚がおかしいのかな?」って、自分の責任として受け止めちゃう人がいるんだけど、そうじゃないの。

もちろんあなたが不平不満ばかり言ってるとか、ネガティブな考えに支配されているとかだとしたら、それは手放したほうがいいよね。

自分はだんだんよくなるんだって唱えたり、未来は明るいって思えたりすれば、自然に暗い波動は消えていきます。

でもそういうわけじゃないなら、嫌な言動は、それをやってる本人の問題なんだ。

その言動から学ぶことがあるから、嫌なことを言ったりしたりするだけで、本人が「こういうのは人に嫌われる」「態度が悪いとツキが離れていく」というのを学べば、ウソみたくいい人になったりするの。

それと、もう一つ。ウマの合わない人、なんとなく苦手な人って、過去世で何かあなたとの間に因縁のあった人という可能性もあるんです。全員じゃないよ、そういうケースもあるよって話で。

こういう場合は、自分の魂が**「この人とは離れて」**って教えてくれるの。直感で、「なんとなく嫌」という感覚的なサインがくるから、それを見逃さず、ちゃんと耳を傾けたほうがいいんです。

だからって、その相手と絶縁したほうがいいとか、口をきいちゃいけないとか、そんな大げさな話じゃなくてね。

なんとなく苦手だなぁと思う程度のときに適度な距離を取れば、本格的に嫌いになることはないでしょ？　それを離れずにいると、とんでもないトラブルが勃発することもあるんです。

結局、何が言いたいんですかって、気の合わない相手とは無理に距離を縮めちゃいけないの。我慢しながらくっついていることが、苦しみの始まりなんだよね。

相手が嫌なやつだとわかったこと、苦手な人だとわかったことだけで、もう既に大きな発見なの。

それを、「この人にもいいところがあるはずだ」とかっていいところ探しを始める人がいるんだけど、ますますアラが見えるだけで逆効果なの。

あとね、あなたがいいところを探しながら無理につき合っていると、相手はいつまでも自分の改善点や学びに気づけないままになる。

周りから嫌われることで、本人は「ひょっとして私の言動はおかしいのかな？」って自分自身に向き合えるんだから、その機会を奪うのは相手のためになりません。

相手を思えばこそ、そっと距離を取ってあげるのが愛なんです。

そしてそれは、親族だって同じだよ。

親だろうが、兄弟だろうが、合わない人とは離れていい。むしろ、身内こそ我慢しないで距離を置くべきだと思うよ。

憎しみというのは、身内ほど大きくなりやすいものだからね。

優しいあなただから、たとえ相手が嫌な人でも、自分から離れることに罪悪感を覚えるかもしれない。

でもね、あなたも相手も、だんだんよくなることが決まっている。

お互いに未来は明るいから、心配ないよ。

自分の器を大きくするにはやっぱりコレだよ

人にはそれぞれ、器があります。その器量によって豊かさや幸福度が違ってくる、重要なものなんだよね。

器量については、昔から懐の深さだとか、心の広さだとかいろんなことが言われてきたけど、一人さんに言わせると、これも結局「だんだんよくなる」という、未来が明るいことを信じられるかどうかにかかっていると思います。

何かにつけ、「だから未来は明るい」「私は絶対、大丈夫」「必ずなんとかなる」って、未来を明るく思える心さえあれば、器って勝手に大きくなるんだよ。

自分も人も、日本も世界も、地球も宇宙も、すべての未来は明るいと思うこと。

これが、器を育てる最大の秘訣《ひけつ》なの。


どんなことも、だんだんよくなるためのきっかけに過ぎないという絶対的な安心感とか、ゆるぎない明るさとかを持ってる人ってね、なぜかいろんないい情報が入ってくるんです。

楽しいニュース、成功のカギとなる神のひらめき、人生を豊かにする最高の仲間みたいな、奇跡の糸口がじゃんじゃん出てくる。

そうすると否応なしに上気元《じょうきげん》になるし、誰に対しても優しくなるよね。

こういう人を傍《はた》から見ると、感情に左右されず、いつも穏やかで落ち着いていて、愛のある楽しい人ということになるでしょ?

あの人は器が大きいなぁって、すごく魅力的に映るよね。

その一方で、未来を暗く思っていると、器がどんどん小さくなっちゃうの。

目に入るのは、「世界の人口がこれ以上増えると餓死する人が出てくる」とか、「日本の少子化が深刻化して国が衰退する」とか、気が滅入るような情報ばかり。せっかく楽しい場所へ行っても、嫌なことばかり起きたりしちゃうの。

結果、いつも虫の居所が悪い、嫌な人になっちゃうよね。

神様は、絶対に未来を暗くしません。明るい未来になるようにこの世界を作ってくれているんです。

それを信じて、「だんだんよくなる未来は明るい」を合い言葉に生きている人には、神様が喜んで味方してくれる。

だから物心《ぶっしん》ともに驚くほど豊かになるし、奇跡に満ちた人生になるんです。

人生がうまくいかない人ってね、世の中を暗く受け止めてるところがあるの。

せっかく神様は明るい世界を用意してくれているのに、それを信じないで勝手に暗いと思い込み、自ら暗い世界を作り出しているだけなんだ。

そこから抜け出すには、だんだんよくなると思うことだよ。

「だんだんよくなる未来は明るい」──そう言い続けてごらん。たちまち暗黒の世界に光が差すからね。

最強のコネって誰でも簡単に手に入るんだ

世間ではよく、コネを使うのは卑怯《ひきょう》だと言われます。

だから多くの人はコネを悪いものとして認識しているし、コネを使った人は周りに批判されるのが嫌で、それを隠そうとする。

でもね、一人さん的にはコネの何が悪いのかわからないんです。

だって私は、コネも才能の一つだと思っているから。


世の中には、歌がうまい人もいれば、手足が長くてスタイル抜群の人もいる。美人やイケメンだって、生まれ持ったもので自分の努力とは関係ないでしょ？

もともと頭の回転が速い人や、やさしくてあったかい気質の人、運動神経のいい人、よく気がつく人など、優れた才能を持って生まれる人もいる。

それと同じで、金持ちで力のある親の元に生まれたこともある種の才能であり、その人が授かった幸運なんです。

持って生まれた頭脳や身体能力を活《い》かして成功するのはいいのに、コネや親の財産を使うのだけはダメって、それはおかしいんです。

コネを使ってでもいいから、幸せになるの。

使えるものは全部使って、何がなんでも幸せになるのが私たちの務めなんだ。

というか、人のコネを妬《ねた》んだり、うらやんだりするのって、自分にはその相手以上のコネがないと思っているからじゃないかな。

それが悔しくて、批判するんだと思います。

でもさっき言ったように、コネは才能の一つなの。

そして才能のなかでも最強なのは、「だんだんよくなる未来は明るい」と信じられることなんだよね。

その点、一人さんは自分で「俺は世界で一番明るい波動の持ち主だぞ」って自信を持っていて、誰よりも強力なコネがあると自負しています。

自分には誰にも負けない才能があるわけだから、ほかの人の才能に嫉妬《しっと》することはない。誰かにコネができたと聞けば「ツイてるね！」って一緒に喜ぶし、応援することはあっても、悔しくなることなんてないの。


もしあなたが、誰かのことがうらやましくて仕方がないんだとしたら、あなたも一人さんみたく最強のコネを持てばいいよ。

しかもそれは、「だんだんよくなる未来は明るい」と唱えるだけで、勝手に身につく。こんなに簡単な話はないんです。

明るい思いが持てたら、人に嫉妬することもなくなるし、不運もさらっとかわしながら、あなたらしく笑って生きられるよ。

そしてそれが、奇跡を起こす一番の近道なんだ。

奇跡の人

第5章

富の流れを引き寄せるのは簡単です

世界のお金の量はどんどん増えてるよ

この地球には、あらゆるものが準備されています。ここは、豊かさの塊なの。いつでもきれいな水が飲めるし、地面を耕して種を植えたら、お米や野菜、果物が収穫できる。海では魚が獲れるし、収穫した農産物で家畜を育てれば、肉や卵だって手に入るでしょ?

石油や天然ガスのほか、鉱物資源なんかもたくさん埋蔵されていて、それらを使えば便利な機器だって生み出せる。貴金属で、オシャレを楽しむこともできます。

しかも、ただ資源が豊富なだけじゃない。手に入る資源を使って、人はよりよいものを作り続けてきた。

神の法則通り、世界はだんだんよくなっているんだよね。

お金にしても、神の法則から外れたことはありません。

だんだんよくなるという決まり通りに、お金の量はどんどん増えているよ。
と言うと、**「じゃあ、この世の全員がお金持ちになれないのはなぜですか？」**と
かって思う人がいるかもしれないけど、お金が増えても、それが平等に分配される
とは限らないの。
お金が増えることと、お金持ちになれない人がいるのは別の話なんです。
だけど、確かにお金は増えている。

じゃあ、なぜお金は増え続けるのか。
たとえば安い土地でも、その近くに電車の駅ができると、周辺にマンションが建っ
たり、いろんなお店もできたりして地域が栄えるよね。そうすると、土地の値段が
ドカンと上がって富が増える。
実際に、戦後の焼け野原は二束三文の価値しかなかったのに、同じ場所が、今で
は当時の価格が信じられないくらいの値段になっている。それだけ富が増えたって
ことだよね。

お金とは、富です。経済成長して富が大きくなれば、流通するお金の量も増える。世界は生成発展し続けているわけだから、お金も増え続けるのは当たり前なの。


この世界は、途方もない豊かさで満たされているんです。

そして、**手を出しさえすれば、誰だってその富を受け取ることができます。**

さっき「この世のお金が増えても、お金持ちになれない人はいる」と言ったけど、お金持ちになれない人というのは、富の流れに手を入れてないだけなんだよな。

手を出しさえすれば、お金は驚くほど簡単につかむことができるのに。


難しいことじゃないんです。富の流れに手を出す第一歩って、「だんだんよくなる未来は明るい」と信じることだからね。

明るい波動を出して、神的に生きてごらん。

それでほんとうに、富の流れを自分に引き寄せる知恵がじゃんじゃん出てくる。

そんな奇跡の人になれば、あなたの人生は激変するよ。

貧乏波動を出していないかい？

最近、「リーマンショックを超える経済危機が世界規模で訪れる」とか、「日本経済はガタガタになる」とか、不安になるような話題が聞こえてきます。

でもね、一人さんの考えを言えば、そんなことは起きようもないんです。

長引くコロナ禍の影響や、ロシアとウクライナ、中東での戦争といった要因が重なり、一時的には壁が立ちはだかるかもしれない。

だけど少し引いて見ると、コロナも戦争も、なんともいい形で収まるはずなの。

時が経ってみたら、「あれは世界がさらなる成長を遂げるためのきっかけだった」と誰の目にもわかると思います。

この話については、前に書いた『斎藤一人　檄文』（斎藤一人・舛岡はなゑ共著。2024年2月に弊社より「完全版」を刊行予定）で詳しくご紹介していますので、気になる人はそちらを読んでもらいたいんだけど。

ここでみんなにお伝えしたいのはね、とにかく「世の中だんだんよくなる未来は明るい」ということなの。

それは歴史が証明している事実だから、世の中が悪くなることはありません。

いくら景気が悪くなったとしても、人々の暮らしは昔よりよくなり続けている。日本で飢餓による死者が増加したとか、そんな話はまず聞かないでしょ？　なんらかの事情で暮らしに困った人は、生活保護だってあるよね。

昔はそういう制度もなかったから、自力でなんとか生き延びるしかなかったし、それができない人は残念ながら命を落としていった。大勢の人が、食べるものもなくて亡くなっていた時代があったんです。

そんな時代に今から逆行することはないし、そもそも世界が発展する過程では、多少の上がり下がりがあるのは当たり前なの。

もし一時的に不景気になったとしても、10年後、30年後……という長期で俯瞰《ふかん》してみると、世の中はますます便利に、暮らしやすくなる。

ちょっとした下振ればかりに注目してもしょうがないし、そういう人は時代の流れにもついていけないよ。

否定的なことを言い続けていると、それこそ貧乏波動になって、世の中は成長してもなぜかあなただけずっと貧しいまま……。そんな現象になりかねないんです。

経済的な不安は、稼ぐ力とか貯《た》める力とか、何かノウハウを得ることで解決できるように思ってる人が多いんだけど、ハッキリ言って、そういうのは二の次でいい。

まずは、「世の中だんだんよくなる未来は明るい」という真実を、心の大黒柱として据えることが大事なんです。

それをしないままテクニックばかり追い求めても、いずれまたつまずいちゃうの。

宇宙の真実がしっかり自分のなかにあれば、「だんだんよくなる」という安心感に支えられて、いつ、いかなるときでも不安に飲み込まれることはありません。

そして、こういう人は神様から最善の知恵がもらえるから、それを使えば、解決できない問題はないんだ。

悪いときこそ明るい思いが大事なんだ

だんだんよくなるという、宇宙の法則に従って生きると、プライベートも仕事も、全部うまくいきます。

人生には、いいときも、そうでないときもあります。

でもね、障害が出てきたときに、「世の中だんだんよくなる」という前提で考えられるかどうかで、その後の展開は大違いなの。

未来を明るく考えている人は、うまくいかないときには「その道は間違っているよ」という、神様からのお知らせだとすぐ気づけます。だからパッと方向を変えて、成功の道を探せるんだよね。

その反対に、暗い思いばかりの人は、うまくいかないことで自分や人を責めたり、国のせいにしたりして、改善しようという思いになかなか至らない。

うまくいかないことに振り回されるだけじゃなく、不平不満の思いに引きずられることで、ますますうまくいかない現実を自ら呼び寄せちゃうんだよね。

未来を明るく考える人は、必ず「これだ！」という道を見つけて成功します。

初めはちょっと大変に感じるかもしれないけど、一つうまくいくと、その次は最初より簡単に、もっと楽しく成功できるんだよね。

それもうまくいくと、その次はさらに簡単に突破できる。

壁は出てくるけど、決まって前の壁より薄いんだよね。回数を重ねれば重ねるほど、スーッと流れるように成功していくの。

この世界はだんだんよくなることが決まっているから、やればやるほど、簡単に上を目指せるようになるんです。

一人さんが納税日本一になったときに、みんなが「ここに至るまでには、さぞ苦労も多かったことでしょう」なんて言ったの。

だけど私の人生には、正直、苦労なんて一つもありません。

もちろん事業を始めた当初は、どんなやり方をすればうまくいくかなっていろんな知恵を出したし、試行錯誤もしたよ。世間で言うところの失敗みたいなこともあったと思うけど、私自身は、それを苦労や失敗だと思ってないんです。

苦労や失敗に見えることは、「こういうのはダメなんだな」ということを知るための大事な経験であり、全部成功するための材料だった。

それに一人さんは、好きな仕事に打ち込むことも楽しかったしね。

楽しく練習している野球少年をつかまえて、「ずいぶん苦労してるな」と言うのが的外れなのと同じなの。

会社を作ったときも驚くほど簡単に成果が出たし、私はほんとうに苦労を感じたことがないんです。だって、最初からほとんど会社に行ってなくて、私の机は一度も置いたことがないくらいなんだ（笑）。

もちろん今も、会社へは1年に1～2回行く程度で、一人さんは好きなドライブをしながら新商品のアイデアを出すだけ。

あとはみんな、仲間たちがやってくれるんです。

でも、うちの人たちは、一人さんのことを大好きでいてくれる。

普通の会社だと、「社長が遊んでばかりだと社員から妬まれる」とか言われちゃうんだけど、私のところではそんなのないんです。みんな口を揃えて、「私たちが会社を守ってますから、一人さんは安心していろんなところへ行ってください」って。

こんなに素晴らしい仲間に恵まれること自体、ものすごい奇跡なんです。

そして私は、日本で一番幸せな成功者になっちゃった。

これが、宇宙の真実を知っている人のほんとうの成功話だよ。

この世に生まれてきただけで大成功

子どもの教育の話になると、「子どもは褒めて育てなさい」と言う人がいれば、「子どもにはある程度の厳しさも必要だ」と言う人もいます。

それでよく一人さんにも同様の質問があるんだけど、親御さんが「だんだんよくなる未来は明るい」と信じさえすれば、細かいことは考えなくていいと思うよ。

この子はそのままで大丈夫だと思っていれば、褒めて育てなきゃいけないだの、厳しくしなきゃいけないだのって、そんなこと考える必要はないの。

だって、その子の未来は明るいんだもん。


あなたの未来は明るいし、子どもの未来だって明るい。

日本の未来も、世界の未来も、宇宙の未来も明るいわけだから、何も心配いらないんです。

褒めて育てなきゃいけないとか、厳しくする必要があるとかってことの前に、「だんだんよくなる未来は明るい」という事実を信じな。

それができれば、まず出てくる言葉が違ってくるし、出した答えが間違うはずがないからね。

あれこれ正解を探さなくても、自然にうまくいくようになる。簡単な話なんです。

受験だとか、就職試験だとか、子どもが節目を迎えたときにナーバスになっちゃう親御さんもいるらしいけど、それもすべて、明るく考えることが大事だよ。「だんだんよくなる」と思うことが最優先であり、「未来は明るい」って、子どもを信じたらいいんです。

それでもし受験に失敗したとしても、希望通りに就職できなかったとしても、未来が明るいことには変わりありません。

合格しようがしまいが、みんな絶対にうまくいくし、未来は明るい。

だから、子どもが自信を無くすようなことを言わないことだよ。

悩みの尽きない親ってね、子どもを心配しすぎなの。

こういう学校に入って欲しい、英語がペラペラにならなきゃいけない、あんな会社で働いてくれたら……って、子どもに要求しすぎなんです。

そういう、親の「こうじゃなきゃ子どもは幸せになれない」っていう重苦しい波動が、子どもを苦しめちゃうんだよね。

人はこの世界に生まれてきただけで、もう大成功です。

「だんだんよくなる」という神の法則のもと、何がどうなっても幸せになることが決まっているんだよね。

それを、ああでもない、こうでもないってこねくり回すからおかしなことになる。

幸せに条件をつけちゃいけないんです。

こうだったらいい、ああだったらいいって思わなくても、みんな無条件で幸せになるし、自分の道を行けば成功するようになっているんだ。

未来を心配する人が増えたとき日本は危うくなる

ロシアとウクライナとの戦争が終結しないなか、ニュースでは中国の台湾進攻についても懸念されているよね。最近の落ち着かない世界情勢に、不安を募らせている人もいるでしょう。日本も戦争に巻き込まれるんじゃないかって心配したりさ。

でもね、実際に争いごとが増えるかどうかは、人々の心にかかっているの。

明るい気持ちの人が増えれば、戦争だっていい塩梅《あんばい》に落ち着くし、新たな紛争も起きにくくなるものなんだよ。

危ないのはね、暗い気持ちの人が増えたときです。

たとえば、日本人の多くが「未来は暗い」と思い出すと、それこそ日本が戦争に巻き込まれる可能性だって出てくるかもしれません。

だから未来が怖いのなら、逆に明るい気持ちを持つことだよ。

不安に押しつぶされないように、「だんだんよくなる未来は明るい」って、ひとりでも多くの人が、明るい、大丈夫の波動を出せばいいんです。


戦争の背景には難しい事情がいろいろあるんだろうけど、突きつめるとどれも、その根底に「このままだと大変なことになる」という不安や恐怖があるんだよ。

こういう暗い思いが、戦争の最大の原因なんです。

未来は明るいことを信じられないから、よその国へ攻めていくんだよね。

もし、すべての国の人たちが「このままで大丈夫」っていう明るい未来を信じていたら、戦争なんか絶対に起きません。

人間は未熟だから、世界を闇だと思い込んでしまう人もいるけど、明るい未来へのけん引役である私たちは、そういう暗い波動に乗っちゃダメなんです。暗い波動を出す人がいるんだったら、こっちはもっと強く「だんだんよくなる未来は明るい」の波動を出そうよ。

そうすれば、何か起きたとしても必ず被害は小さくなる。この世は波動だから。世界規模で言えば、明るい波動が大事だよっていう私たちみたいな存在は、まだまだ少数派なの。だから、この世界を明るく楽しまなきゃダメなんです。世界が暗い話題に包まれたときこそ私たちの出番だし、踏ん張りどころだよ。

でもね、明るい光を出す人は確実に増えている。

ちょっとずつかもしれないけど、今、この瞬間にも、ひとり、またひとりと光を出し始めてるの。

特に、今の若い子たちなんかはすごいよ。困ったことがあっても、どうやったらうまく解決できるか知恵を出そうとするし、「もうダメだ」「先行きは暗い」とか思ってないの。

明るい未来に向かって、明るい知恵で進化しようとしているんだよね。

真面目で向上心があるし、学びたい、成長したいっていう意欲も強い。学校の勉強でも、精神論やなんかの勉強でも、好きなことをよく勉強してさ。

あと、すごく賢いよね。うちの仲間でも、小さい子どもを連れてくる人がいるけど、一人さんが言ってることを全部理解してて、こっちのほうがびっくりしちゃうくらいなんです。


それでいて、愛のあるやさしい心を持っている。

古い人間にも理解を示し、意見が食い違ったときも話せばわかるのが、今の若い人たちなの。

ほんとうに出来がいいし、立派で、素晴らしい魂の持ち主ばかりです。人間はほんとうに進化するんだなぁって、しみじみ思うよね。

昔なんてさ、道を歩けばその辺に酔っぱらって寝てる人がいたよ（笑）。だけど、今の子はハメを外しすぎないし、そもそもお酒を飲み過ぎるとかもないみたいだね。健康のことも、将来のことも、よく考えている。

こういう、明るい未来を信じながら楽しく生きる人たちを見ると、一人さんは「この世界は大丈夫だ。未来は明るいぞ」ってますます思うんだ。

成長し続けるのはやっぱり明るい会社だよ

一人さんは、銀座まるかんという自分の会社を、すごくいい会社だと思っています。それからうちの会社以外でも、法律違反をしているとか、ブラック企業みたいなのとかでなければ、どこも素晴らしいと思っているの。

どの会社もみんな知恵を出しながらがんばっているし、いろんな仕事があることで、私たちはこの世界で生きられるんだよね。

みんなの力で世の中は回っているし、お互いに支え合いながら、社会はだんだんよくなっている。

魚屋さんとか、八百屋さんとかみたいな商店街の小さなお店だって、インターネット上の個人店だって、みんな世の中の役に立っています。大企業とか、小さい商店とかは関係ありません。

でね、そのなかでも成長している会社、ずっと安定的な経営ができている会社を見ると、どの会社も、やっぱり未来をすごく明るく考えているんです。

そういう、社長から社員から、未来は明るいと思ってる人が集まって運営されている会社は、ほんとうに強いよ。

明るい波動を持った会社には、神様がいくらでも知恵を授けてくれるんです。

その知恵を使って商いをすれば、お客さんに喜ばれ、自分にも利益が出る。利益から税金をたくさん納めれば、社会からも感謝されるでしょ？

そんな会社が成功し続けるのは、当たり前だよね。

ちなみに私はその昔、本屋さんになりたいと思ってたことがあって。新刊を扱う書店でも、古本屋さんでもなんでもいいんだけど。

一人さんは本が好きだから、本屋さんならいつでも好きなだけ本を読めるなぁって思ったの（笑）。

結局、本屋さんにはならず、サプリメントや化粧品を扱う会社を興したわけだけど、いつでも明るい波動の一人さんなら、本屋さんになってたとしても、きっと成功しただろうね。いつもお客さんでいっぱいの、楽しい本屋さんを作る自信がある。

それから、年齢とともに「記憶力が落ちて、昔ほど仕事がはかどらないなぁ」「年を取って脳の機能が衰えたのか、判断能力が落ちてミスが増えた」みたいな悩みを最近はよく聞きます。

こういうのもね、「だんだんよくなる未来は明るい」が実はよく効くんです。

もちろん、肉体的な衰えというのは、思いだけではどうしようもないこと。生きていれば、あちこち老朽化するのはしょうがない。

ただ、「未来は明るい」と思っていると、そのとき自分に必要な情報やなんかが、なぜかパッと入ってくるんです。

さっきの話で言えば、脳を活性化する方法を教えてくれる人が出てくるとか、心身の健康に役立つ情報が目に入ってくるとか。それを試してみたら、ずいぶん元気になるってことがあるんです。

明るい思いはどんなことも成功させるし、欲しいものを引き寄せてくれる。これさえあれば百人力なんだ。

起きる出来事にはすべてに学びがある

この世界で起きることには、すべてに学びがある。そして、それは魂の成長のためにあるんです。

「自分が嫌だと思うことからも学ぶことはできるんですか」と考える人がいるかもしれないけど、どんな現象からも学ぶことができるんです。

悲惨な出来事があれば、誰だって動揺するし、大きなショックを受けることもあると思います。心に傷を負うこともあるでしょう。

ただ嫌な出来事、最悪の結末として受け取るだけだと、傷ついて終わるだけで、大切な学びに気づけないの。


人間は未熟だから、悲惨なことがあって初めて、「こういうのは絶対やめよう」っていう教訓を得るんです。

さほどダメージのないことは、そのときはちょっと痛手を負ったとしても、すぐに記憶が薄れちゃうから、また同じような間違いを繰り返してしまうの。

たとえば、歯磨きが面倒でサボってばかりの人がいるとします。それで虫歯になって治療するんだけど、治療が簡単なものだと、また歯磨きをサボるようになる。

そのうちに虫歯が深刻なレベルまで進行して、大きな治療が必要になったとするじゃない。こうなると、どんなに歯磨きが面倒でも、二度とサボらないようにしようって思うんだよね。それと同じなの。

この世界で起きることには、どんなことからも学ぶことができる。それに気づいて、起きた出来事で自分を成長させなきゃいけないんだよね。

ひとりひとりが成長すれば国が変わるし、国が成長すれば、世界だって変わる。いろんな教訓を得ながら、世の中はだんだんよくなっていくんです。

どんな出来事に遭遇しても、あなたは「だんだんよくなる未来は明るい」を安心材料として心の灯台にして、前に進んでくださいね。

一人さんが

本書のために作った

12カ月の詩

ここで紹介する12の詩《うた》は、すべて私が作りました。

筆を執ったのは、お弟子さんのはなちゃん（舛岡《ますおか》はなゑさん）です。

12カ月分の詩のうち、当該月を拡大コピーして、好きな場所に貼ったり、持ち歩いたりしてください。

御守り代わりに楽しんで、気軽に使えば、きっと幸運が訪れると思います。

なんにしろ、だんだんよくなるし、あなたの未来は明るいんですから。

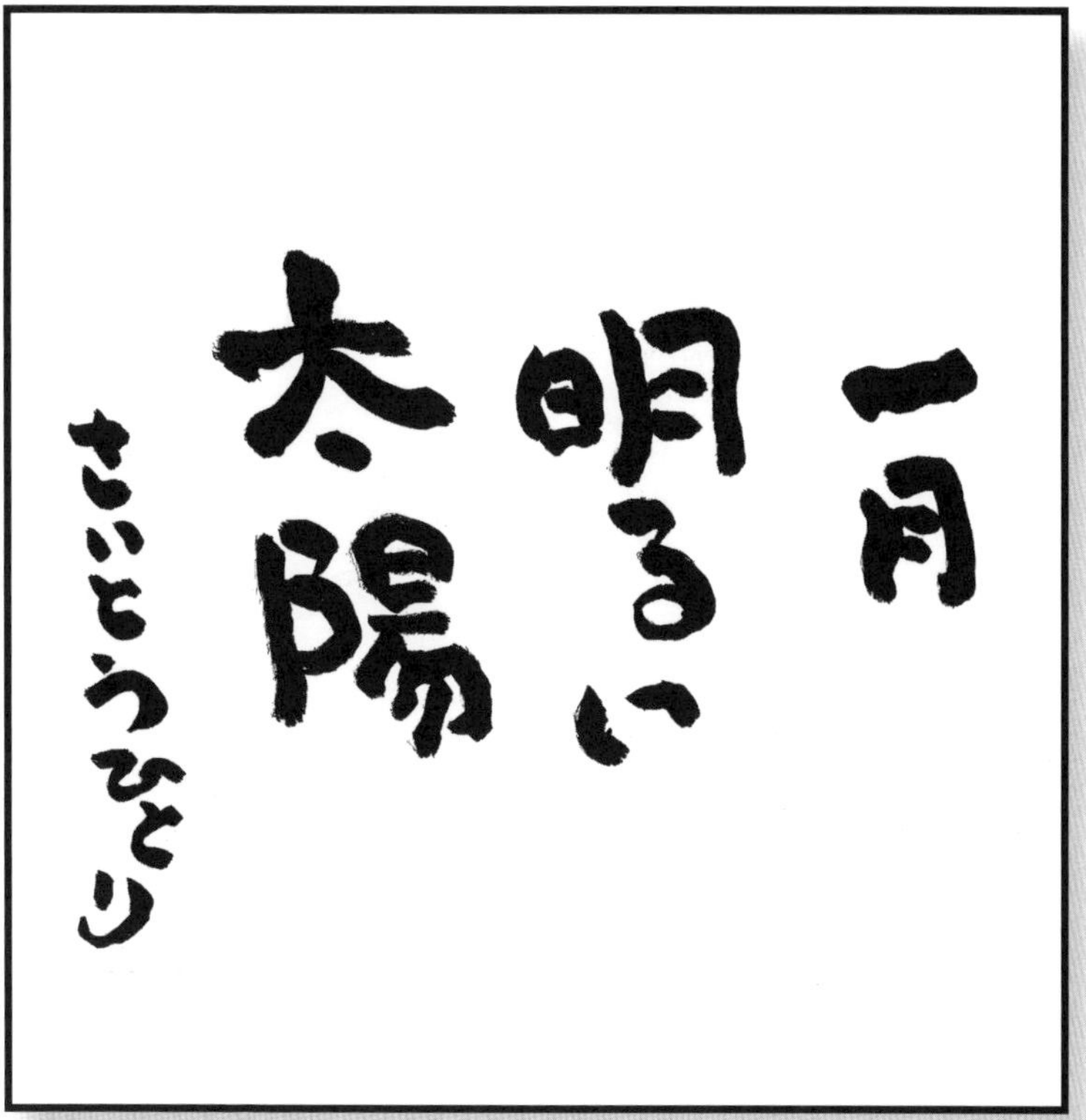

1月

一人さんが本書のために作った12カ月の詩

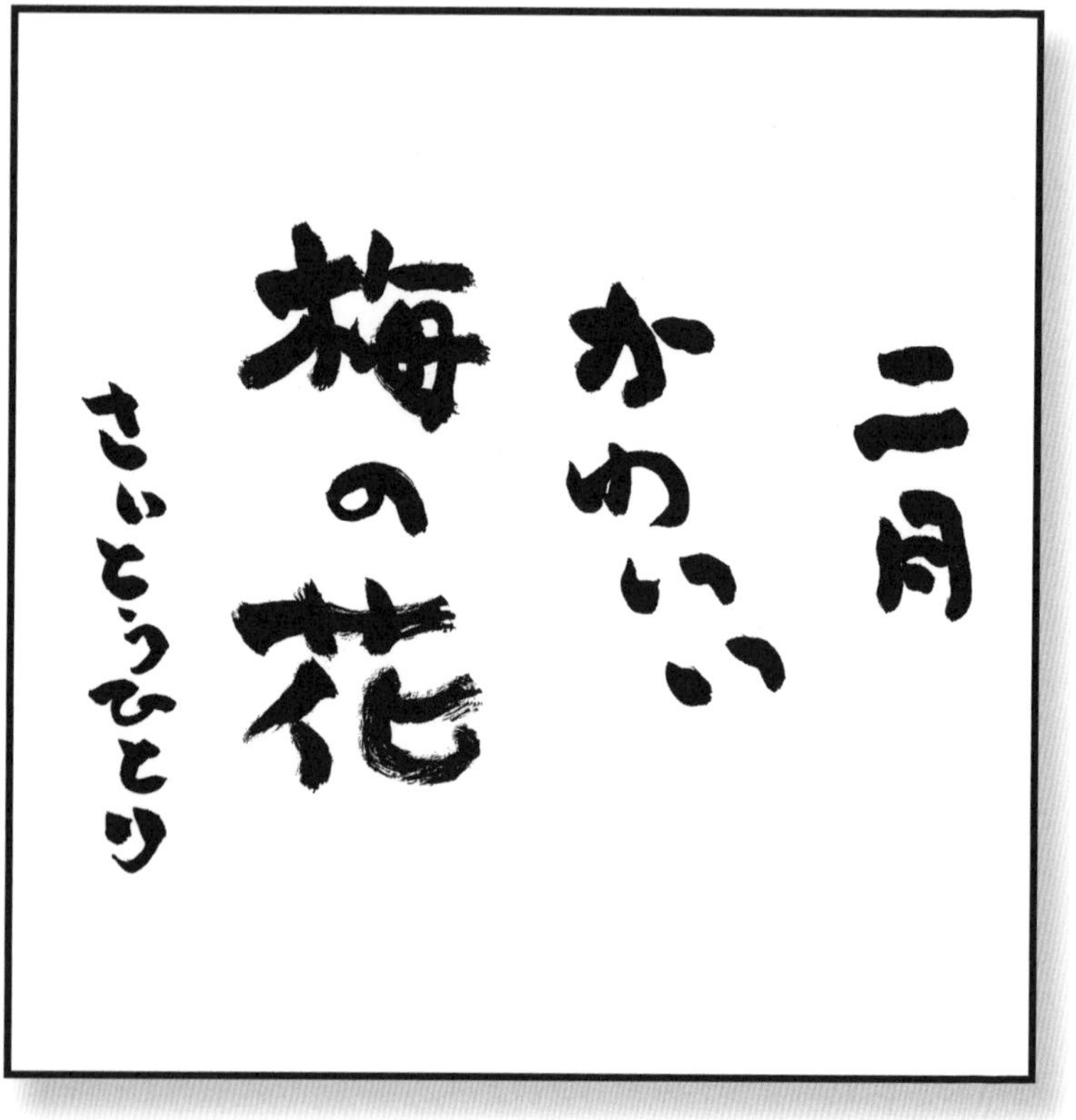

2月

一人さんが
本書のために作った
12カ月の詩

3月

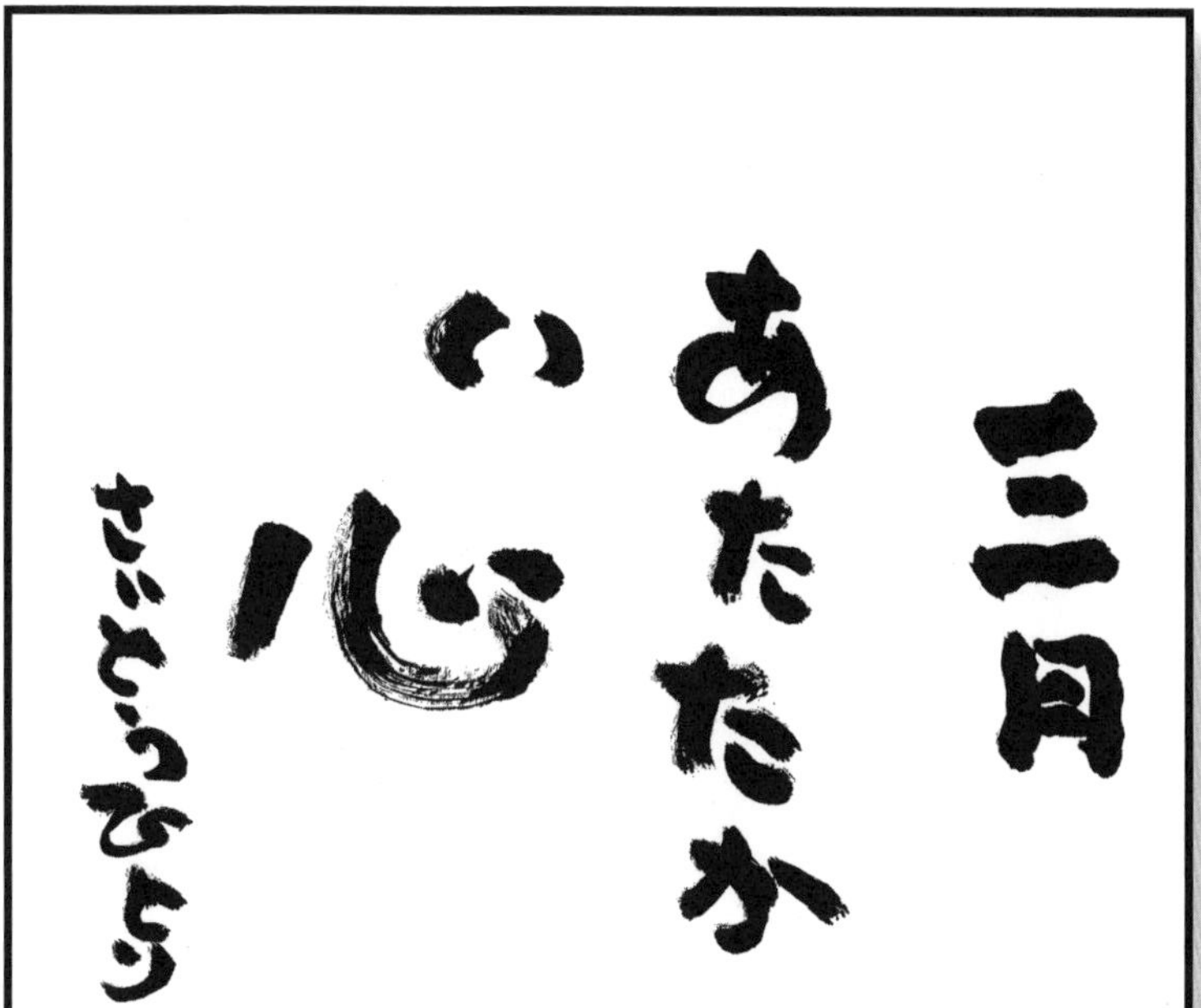

一人さんが
本書のために作った
12カ月の詩

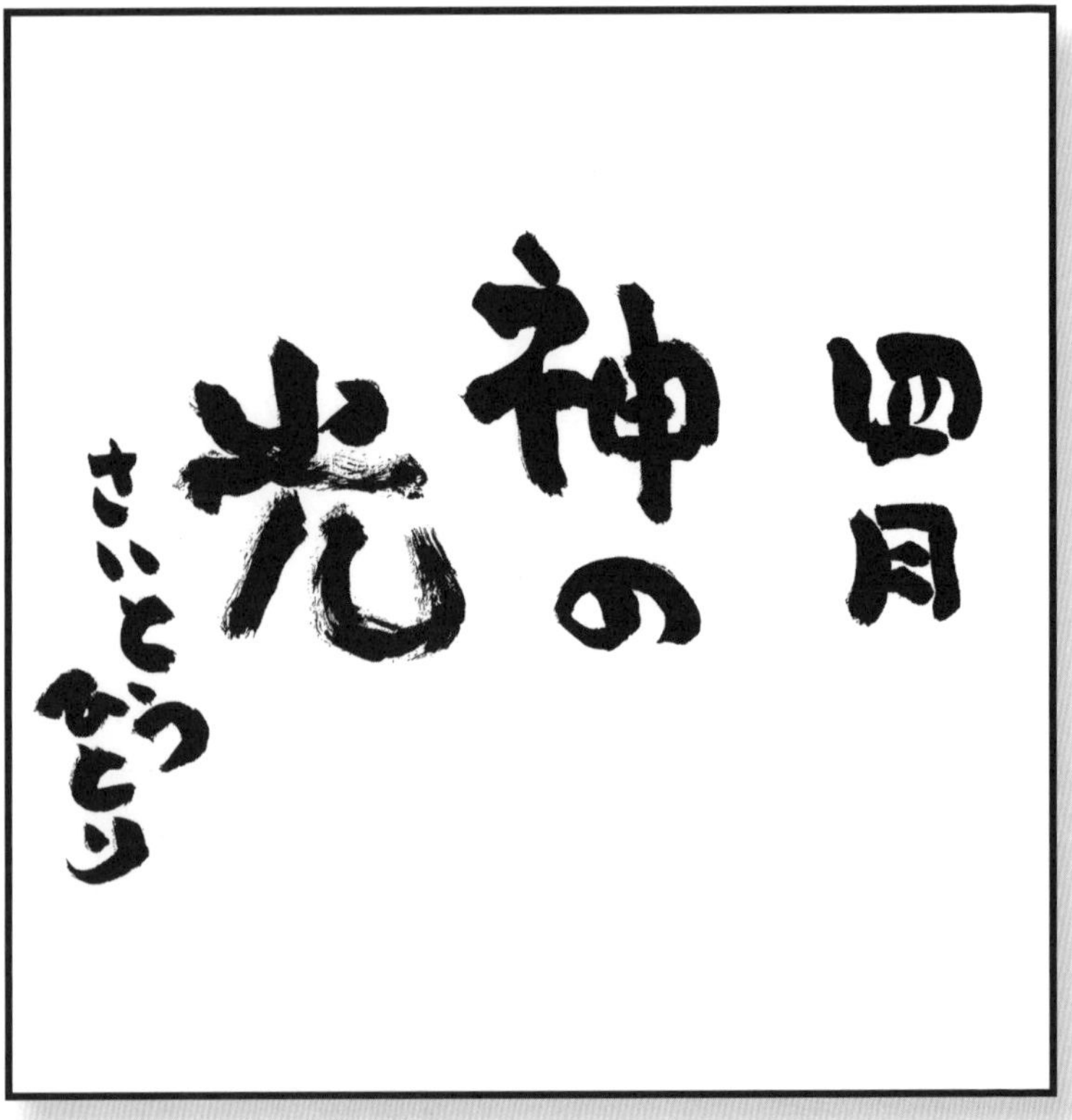

4月

5月

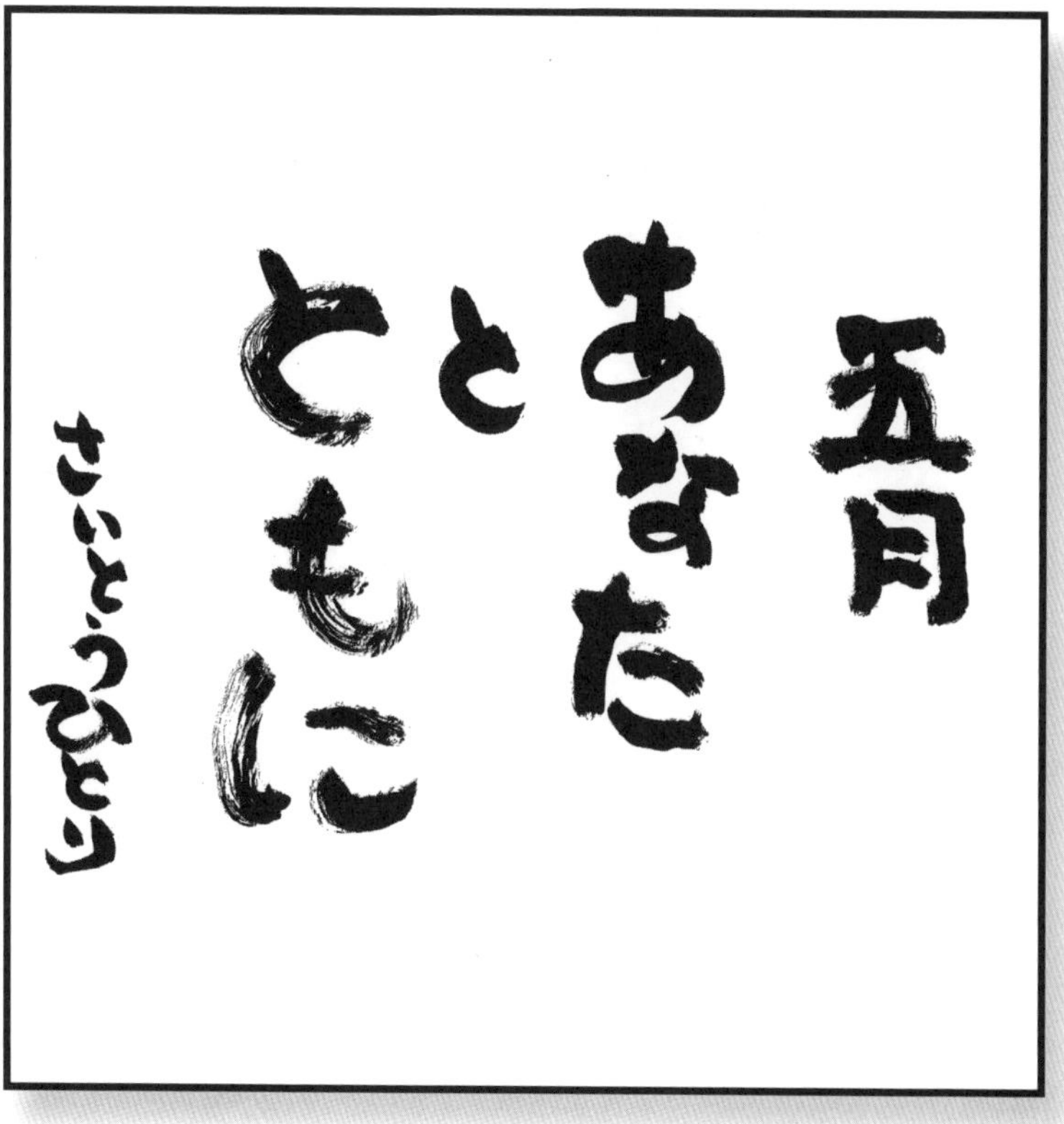

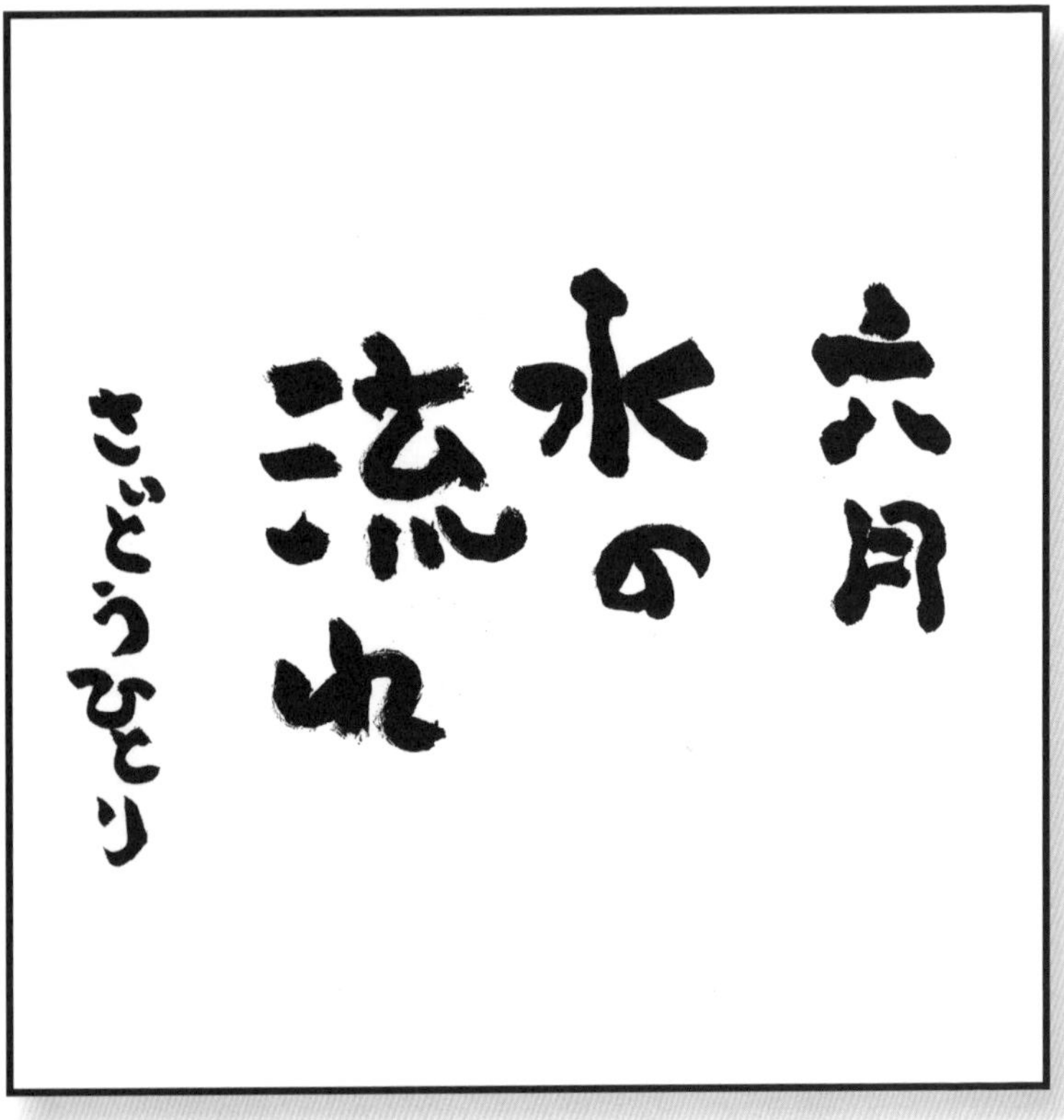

一人さんが本書のために作った12カ月の詩

6月

7月

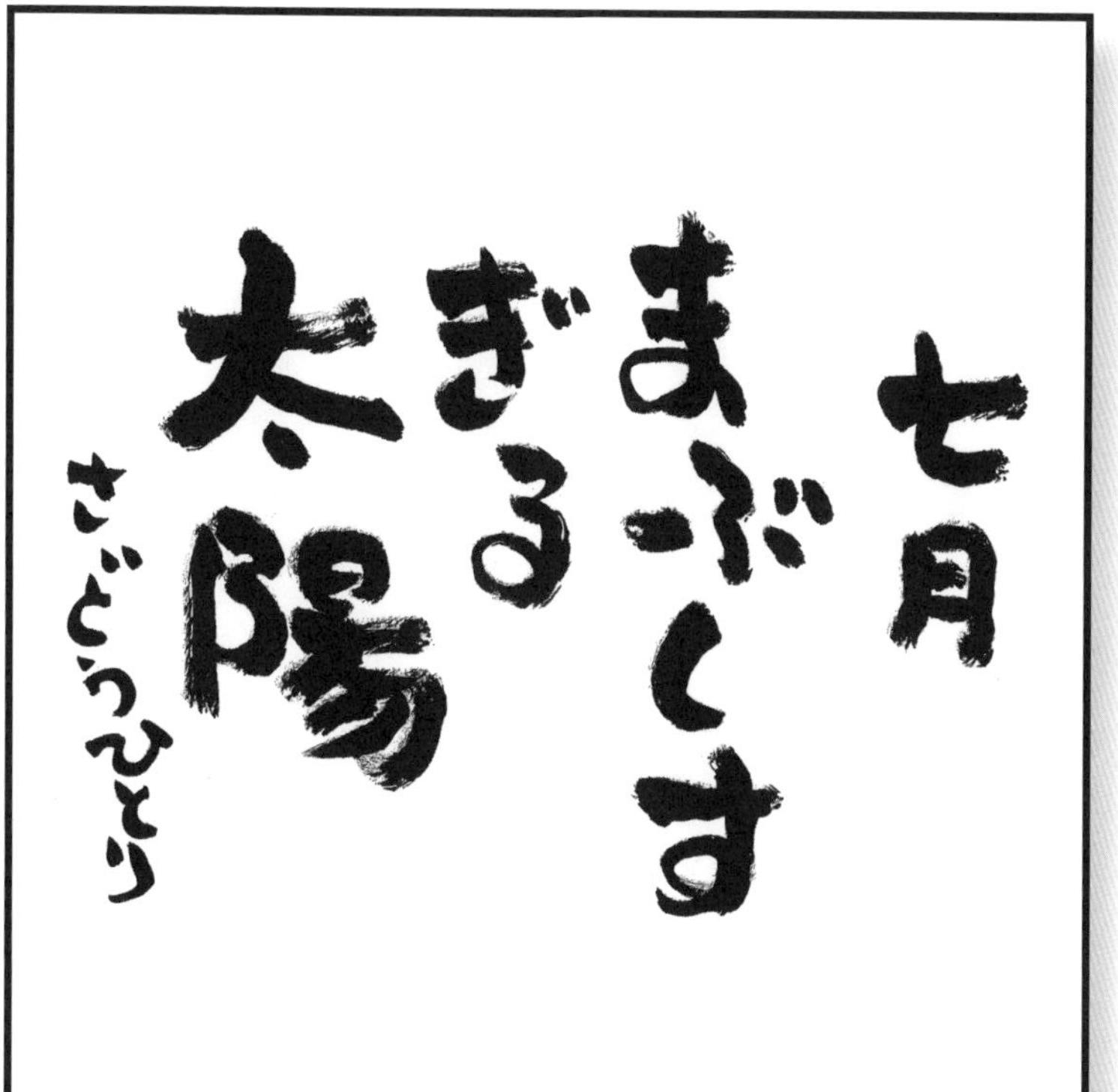

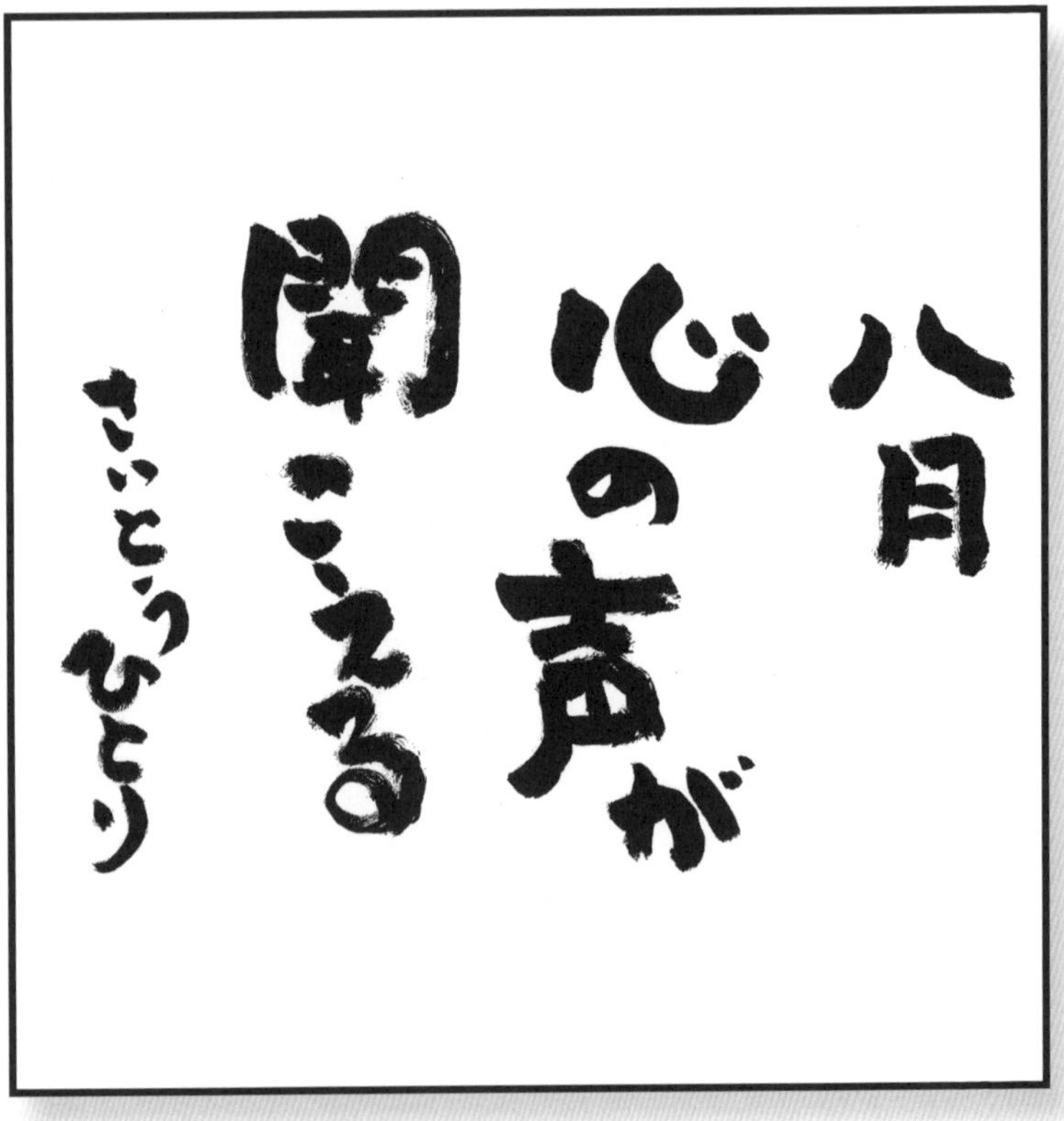

8月

一人さんが
本書のために作った
12カ月の詩

9月

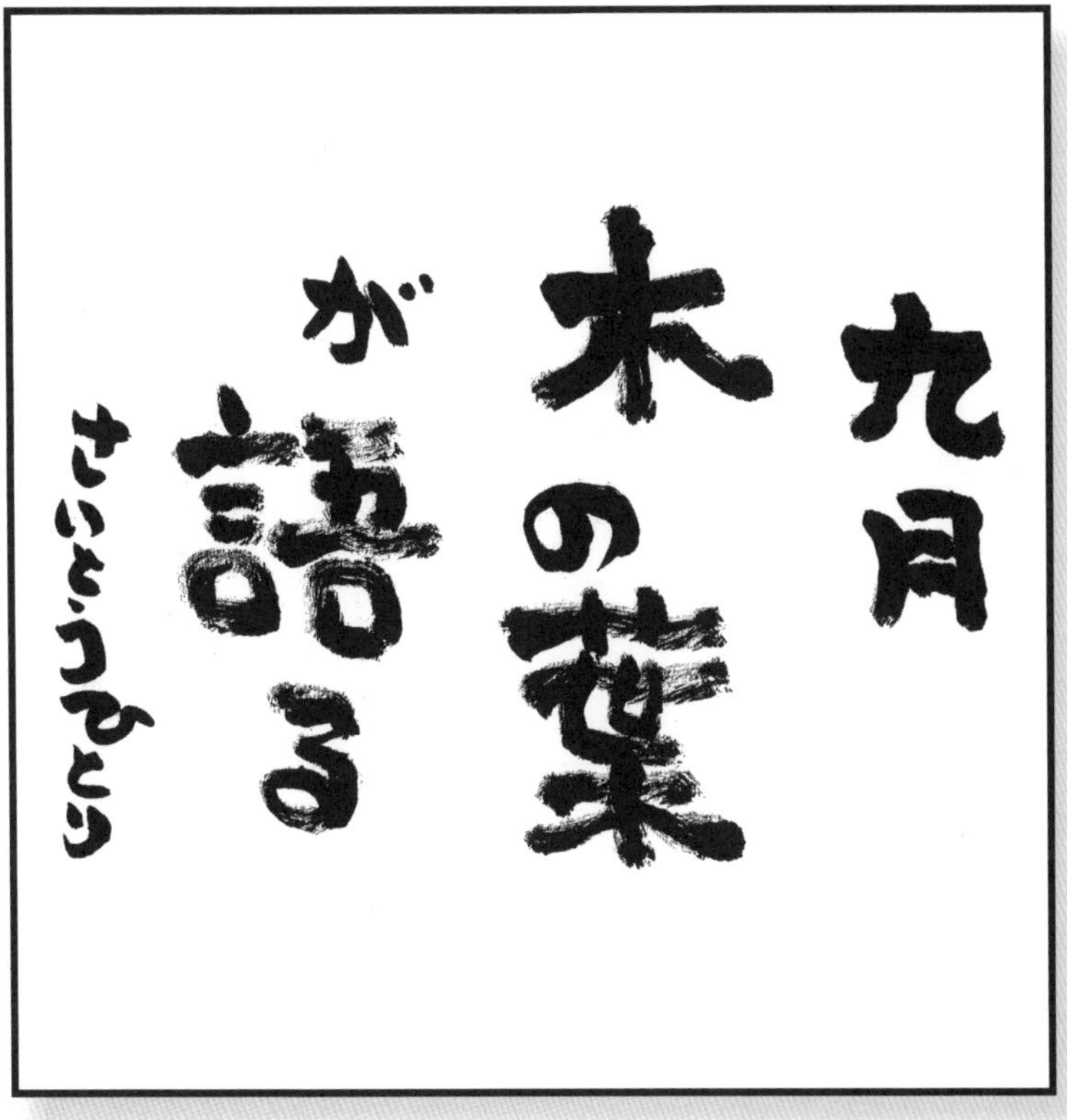

一人さんが
本書のために作った
12カ月の詩

10月

11月

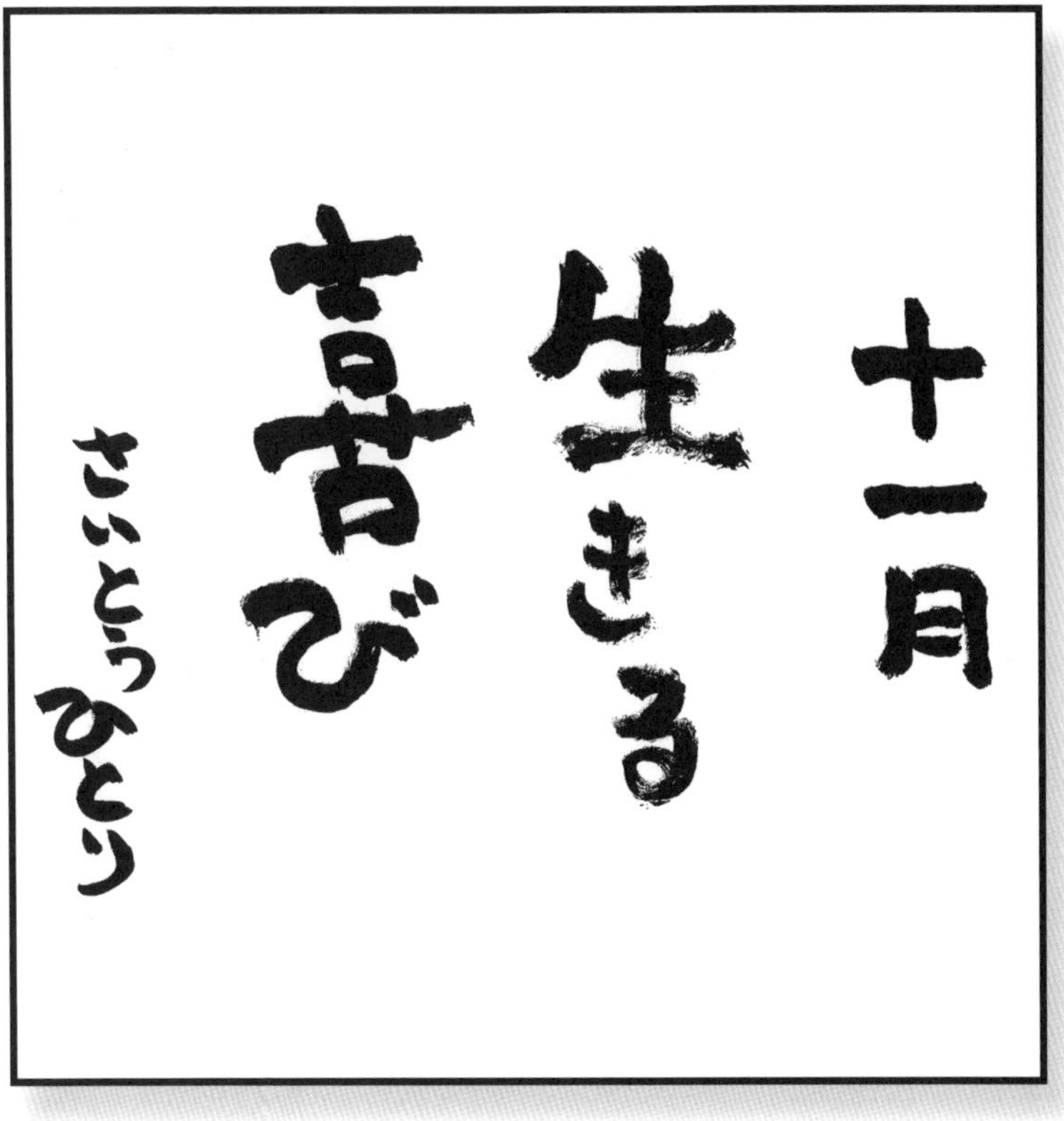

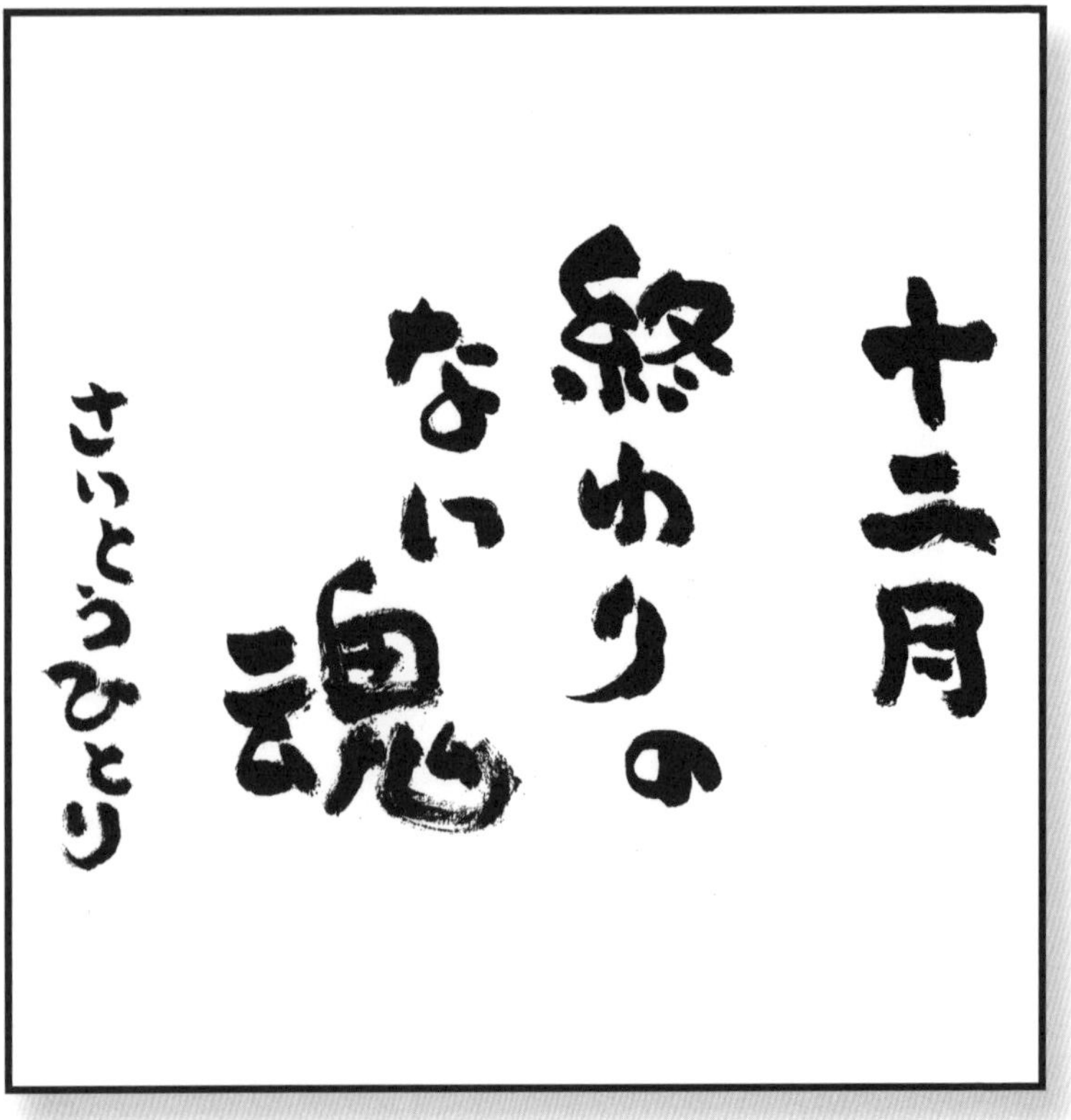

一人さんが
本書のために作った
12カ月の詩

12月

あとがき

「だんだんよくなる未来は明るい」という言葉を1日1000回言って、それを21日間繰り返してください。

世の中はどうであれ、これだけで天と繋がり、安心の波動に包まれることでしょう。

そして、あなたも奇跡の人の仲間入りができるのです。

最後に、この本を書き終わるときに

天から降りてきた詩《うた》を、あなたに贈りますね。

今日のあなたは
笑ってる
今日の私も
笑ってる

さいとうひとり

雄大な北の大地で「ひとりさん観音」に出会えます

北海道河東郡上士幌町上士幌

ひとりさん観音

柴村恵美子さん（斎藤一人さんの弟子）が、生まれ故郷である北海道・上士幌町《かみしほろちょう》の丘に建立した、一人さんそっくりの美しい観音様。夜になると、一人さんが寄付した照明で観音様がオレンジ色にライトアップされ、昼間とはまた違った幻想的な姿になります。

記念碑

ひとりさん観音の建立から23年目に、白光の剣（※）とともに建立された「大丈夫」記念碑。一人さんの愛の波動が込められており、訪れる人の心を軽くしてくれます。

（※）千葉県香取市にある「香取神宮」の御祭神・経津主大神《ふつぬしのおおかみ》の剣。闇を払い、明るい未来を切り開く剣とされている。

「ひとりさん観音」にお参りをすると、願い事が叶うと評判です。そのときのあなたに必要な、一人さんのメッセージカードも引けますよ。

そのほかの一人さんスポット

ついてる鳥居：最上三十三観音 第2番 山寺（宝珠山 千手院）

山形県山形市大字山寺4753　電話023-695-2845

楽しいお知らせ

無料

ひとりさんファンなら
一生に一度はやってみたい

「八《はち》大《だい》龍《りゅう》王《おう》檄《げき》文《ぶん》気《き》愛《あい》合《がっ》戦《せん》」

ひとりさんが作った八つの詩で、一気にパワーが上がります。
自分のパワーを上げて、周りの人たちまで元気にする、
とっても楽しいイベントです。

※オンラインでも「檄文道場」を開催中！

斎藤一人銀座まるかんオフィスはなゑ
JR新小岩駅南口アーケード街。ひとりさんファンクラブの3軒隣り
東京都江戸川区松島 3-15-7 ファミーユ富士久ビル1階
TEL：03-5879-4925

ひとりさんの作った八つの詩「檄文」

大魔神
荒武者隊
金剛隊
抜刀隊
隼隊
騎馬隊
龍人隊
神風隊

自分や大切な人にいつでもパワーを送れる「檄文援軍」の
方法も、各地のまるかんのお店で無料で教えてくれますよ。

斎藤一人さんとお弟子さんなどのウェブ

斎藤一人さん公式ブログ

https://ameblo.jp/saitou-hitori-official/

一人さんがあなたのために、
ツイてる言葉を、
日替わりで載せてくれています。
ぜひ、遊びにきてくださいね。

斎藤一人さんX（旧Twitter）

https://twitter.com/O4Wr8uAizHerEWj

一人さんのX（旧Twitter）です。
ぜひフォローしてくださいね。

柴村恵美子さんのブログ …… https://ameblo.jp/tuiteru-emiko/
ホームページ …… https://emikoshibamura.ai/

舛岡はなゑさんの公式ホームページ …… https://masuokahanae.com/
YouTube …… https://www.youtube.com/c/ますおかはなゑ4900
インスタグラム …… https://www.instagram.com/masuoka_hanae/?hl=ja

みっちゃん先生のブログ …… https://ameblo.jp/genbu-m4900/
インスタグラム …… https://www.instagram.com/mitsuchiyan_4900/?hl=ja

宮本真由美さんのブログ …… https://ameblo.jp/mm4900/

千葉純一さんのブログ …… https://ameblo.jp/chiba4900/

遠藤忠夫さんのブログ …… https://ameblo.jp/ukon-azuki/

宇野信行さんのブログ …… https://ameblo.jp/nobuyuki4499/

尾形幸弘さんのブログ …… https://ameblo.jp/mukarayu-ogata/

鈴木達矢さんのYouTube …… https://www.youtube.com/channel/UCIhvQ3nqqDsXYsOcKfYRvKw

斎藤 一人（さいとう・ひとり）

実業家・「銀座まるかん」（日本漢方研究所）の創設者。1993年以来、毎年、全国高額納税者番付（総合）10位以内にただひとり連続ランクインし、2003年には累計納税額で日本一になる。土地売却や株式公開などによる高額納税者が多いなか、納税額はすべて事業所得によるものという異色の存在として注目される。

著書に『斎藤一人　本質』（KADOKAWA）、『斎藤一人　今はひとりでも、絶対だいじょうぶ』（PHP研究所）、『斎藤一人　新・一日一語』（ぴあ）、共著に『斎藤一人　成功したのは、みんな龍のおかげです』（PHP研究所、みっちゃん先生と）、『斎藤一人　男の美学　女の美学』（ぴあ・舛岡はなゑさんと）などがある。

斎藤一人

奇跡の人

望んだ未来が手に入る!

2023年12月31日　第1刷

著者　斎藤一人
発行者　小宮英行
発行所　株式会社徳間書店
〒141-8202
東京都品川区上大崎3-1-1
目黒セントラルスクエア
電話　編集(03) 5403-4344
販売(049) 293-5521
振替　00140-0-44392

印刷・製本所　大日本印刷株式会社

ISBN 978-4-19-865742-0